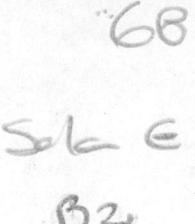

A arte de escutar

Carla Faour

A arte de escutar

HISTÓRIAS QUE REVELAM A BELEZA
DE OUVIR E SER OUVIDO

Copyrigth © 2009, Carla Faour

Capa
Miriam Lerner

Imagem de capa
Christopher Gould/Getty Images

Projeto gráfico
Rita da Costa Aguiar

Revisão
Rebeca Bolite
Clara Diament

Produção editorial
Maíra Alves

CIP-BRASIL. CATALOGAÇÃO-NA-FONTE
SINDICATO NACIONAL DOS EDITORES DE LIVROS, RJ

F223a

  Faour, Carla, 1969-
    A arte de escutar: histórias que revelam a beleza de ouvir e ser ouvido / Carla Faour. – Rio de Janeiro: Agir, 2009.

    ISBN 978-85-220-1020-2

    1. Ficção brasileira. I. Título.

09-3689   CDD: 869.93

                        CDD: 821.134.3 (81)-3

Texto estabelecido segundo o Acordo Ortográfico da Língua Portuguesa de 1990, em vigor no Brasil desde 2009.

Todos os direitos reservados à AGIR EDITORA LTDA. – uma Empresa da Ediouro Publicações Ltda.
Rua Nova Jerusalém, 345 – Bonsucesso
Rio de Janeiro – RJ – CEP 21042-235
Tel.: 3882-8200 Fax: (21) 3882-8212/ 3882-8313
www.ediouro.com.br

*Para Henrique,
Janete e Ezio.*

"Ah, esses sininhos tilintantes! Ouçam! Vamos todos ajoelhar e olhar no centro da caixinha de música até aprendermos o seu segredo — sininhos tilintantes, oooh." Ed Dunkel também estava sentado no chão, com as minhas baquetas de bateria nas mãos; subitamente começou a marcar o ritmo, acompanhando a música que saía da caixinha, e que mal conseguíamos ouvir. Todos prenderam a respiração para escutar. "Tique... taque... tique-taque... taque-taque." Dean botou a mão em concha no ouvido, boquiaberto; ele disse: "Ah! Uau!"

ON THE ROAD, JACK KEROUAC

sumário

1. Prefácio da protagonista coadjuvante, 11

2. Na fila do banco, 17

3. Noite de Natal, 39

4. Academia de ginástica, 77

5. O parque, 103

6. No metrô, 123

7. Na praia, 149

Prefácio da protagonista coadjuvante

Não sei como se começa um livro. Onde ele nasce. Qual a primeira palavra a aparecer do lado esquerdo do papel. O primeiro contraste entre as letras, normalmente pretas, e o papel, geralmente branco. Qual a palavra matriz que desencadeia todo o resto.

Não gostaria de começar este livro pela primeira palavra. Nem pela segunda. Nem pelo contraste. Gostaria de começar sem palavras, o que é totalmente contraditório em se tratando de livros. Livros são feitos de palavras, palavras no papel. Mas não queria o meu assim. Gostaria de começar meu livro pelo início de tudo. Antes do papel. Antes das letras. Talvez pela palavra. Sem som. Sem rosto. Talvez pelo branco. Gostaria de começar pelo silêncio.

Mas não sei escrever o silêncio. Sei as letras que o compõem, suas sílabas, seu acento circunflexo. Mas o som do silêncio é tudo o que eu não quero dizer. O silêncio não é palavra nem som. É experiência. Não sei o silêncio, cada um tem o seu. Não sei muitas coisas da vida, portanto vou juntar o que eu não sei com o que eu sei. Silêncio e palavras juntos. Para contar uma história. Para contar muitas histórias, inclusive a minha. Disso eu sei. De histórias conheço um pouco. Sei que elas começam de qualquer jeito, independem de estação do ano, fuso horário, cor da pele, itinerário, reminiscências, etc. e tal. As histórias são tal qual a própria natureza, persistentes. Mesmo quando não há mais esperança e todo o resto é deserto, brota aquela pontinha de verde e faz-se a vida de novo. Mesmo quando aparentemente não há mais nada a se dizer surge uma exclamação, um muxoxo, e uma coisa puxa a outra, um acontecido se segue ao *era uma vez* e quando se vê já se fez outra vez uma nova história.

A minha história eu não sei começar. Não sei começar nem acabar. Que dirá o meio, o recheio, o enredo. Porque a minha história é uma história de outras histórias. A minha história se conta por outra voz. Pela voz do outro. Adoro esse som. Depois do silêncio é o som de que eu mais gosto. O som dos outros. E, mesmo não sabendo como começar a minha história, sei que as histórias dos outros começam de qualquer jeito, com ou sem pretexto. Basta estar. Basta *eu* estar em algum lugar. Em qualquer lugar. As histórias me acham. Sou um depositário de lábios se movendo, estalar de línguas, saliva que escapa entre "esses chiados", "erres dobrados", depende do lugar em que nasceu aquela voz.

Toda história, além de um ponto de vista, tem um ponto de partida, que nada mais é que o início, o fio, o segredo do labirinto do Minotauro. É preciso ir puxando, seguindo, até encontrar um caminho, uma trilha, uma narrativa, a saída. Mas é difícil reconhecer o começo; não há placas sinalizadoras nem legendas explicativas. A intuição, na maioria das vezes, é o guia.

Intuitivamente, percebo que muitos inícios começam disfarçados. Já vi muito começo de história boiando em meio a verbos, advérbios e adjetivos sem nexo, ou então soterrados por palavras soltas e frases banais, que confundem e parecem não levar a nada, nem chegar a lugar nenhum. Em ambos os casos, quando caem em ouvidos menos atentos ou mais ansiosos, não são reconhecidos como começo do início de nada. Acabam no lixo, no limbo, onde muitas histórias são desperdiçadas. Mas, quando lhes damos a devida atenção, o mínimo de carinho e disposição para seguir seu rastro, encaixam-se como mágica. Emocionam, mobilizam, e tudo passa a fazer sentido.

E é para dar sentido a minha história que hoje escrevo este livro que eu não sei começar. Não sei? Não sei... Não, sei. Mas sinto que de alguma forma também estou disfarçando. Disfarçando o meu início. Dando voltas até encontrar um novelo. Não persigo a ponta. Não tenho pretensões megalomaníacas. Só vi histórias com começo, meio e fim, em filmes, livros e novelas. Na vida real as histórias começam como esta, de qualquer ponto, sob qualquer ângulo. Pode-se andar para a frente, para trás, falar de sonhos ou evocar a infância. O importante é começar. E daí por diante é só dar corda e trela que engrena.

Portanto, se é para começar, que seja logo. Que a angústia seja breve. Que seja pelo começo, sem disfarces. Que seja pelo que vem antes do que virá a ser. O marco zero da narrativa. O marco zero de qualquer instante. De vida. Voltemos ao silêncio que é de onde viemos e para onde iremos, o marco zero da existência, e de onde eu, intuitivamente, gostaria que fosse o meu início. Não precisa ser o silêncio de um minuto que isto não é solenidade nem homenagem póstuma. O meu silêncio é um silêncio de *me deixa*. *Me deixa* no meu canto que eu sei o que estou fazendo. Um silêncio de passagem. Um silêncio de espera. Espera que já vem. Um silêncio que desemboca num corredor. Um corredor polonês de lembranças, encontros, histórias, de gente. Gira a roleta.

"Se alguém tem o trabalho de abrir a boca, articular um pensamento e emitir um som – a fala é uma das atividades mais complexas para o cérebro humano – é por necessidade. Se alguém se dá o trabalho de falar, o mínimo que temos a fazer... é escutar."

Na fila do banco

— Esse banco não tem jeito. Fim de mês e só dois caixas atendendo. Tá na fila há muito tempo?

Fim de mês. Gostaria de não me preocupar com essas coisas de ordem prática. Coisas que colocam ordem no caos da vida, como contas a pagar, por exemplo. É chato pagar. Mas é mais chato não pagá-las. Dá uma dor de cabeça, eu não pago para ver que bicho vai dar. Pago as contas em dia para evitar dor de cabeça. Boa profilaxia.

Amanheceu um dia nublado. Sabia que ia chover. Se eu pudesse nem teria posto os pés na rua. Mas tinha as contas. Sorte que o banco fica a uns dois quarteirões de onde eu trabalho. Peguei o guarda-chuva velho de guerra, devia ter adivinhado. Dia de chuva + guarda-chuva velho + vento forte que chega de surpresa = eu toda molhada + guarda-chuva empenado. Parei em frente ao banco pingando. Já estava passando pela porta giratória quando aconteceu o que eu temia. Ela travou. Eu também. Ela apitou. Eu me encolhi. O guarda-chuva velho de guerra abriu revoltado, como que tomando as minhas dores, tornando aquele espaço exíguo de um compartimento de porta giratória ainda mais apertado. Ficamos engasgados, eu e meu guarda-chuva, na alfândega bancária. Ainda bem que não sofro de claustrofobia. Com muito custo domei as hastes rebeldes e pontiagudas do meu velho companheiro que já havia me protegido de muitos temporais.

— Dê um passo atrás, por favor. Atrás da linha amarela. Tem alguma coisa de metal?

Foi o que o segurança mal-humorado me disse. Mostrei meu companheiro rebelde e ele apontou o recipiente que ficava ao lado da porta giratória. Segui as instruções e o coloquei ali, sentindo-me culpada por abandoná-lo.

— Mais alguma coisa?

Abri minha bolsa e tirei as chaves, que eram praticamente tudo de metal que eu tinha, fora umas obturações antigas que ainda não tive tempo de trocar. Não se usam mais obturações de metal nos dentes. Talvez para não ser barrado em portas giratórias de bancos. Coloquei as chaves junto do guarda-chuva e fiquei engasgada, sem ir para a frente ou para trás. Um estado curioso. Às vezes me sinto assim. Sem saber se vou para a frente ou para trás. Engasgada entre o que eu tenho que fazer e o que eu não fiz. E aí a vida dá uma emperrada como uma porta giratória de banco. Dei o tal passo atrás, muito a contragosto, mas sem reclamar. Dei um passo atrás para entrar novamente na roda e seguir em frente. O importante é estar em movimento, pensei.

— Agora pode vir.

O segurança parecia um guarda de trânsito. Segui suas instruções. Queria me livrar o mais rápido possível daquela exposição desnecessária, já havia umas cinco pessoas impacientes me olhando de cara feia, desconfiadas, como se eu fosse culpada pelas minhas obturações obtusas. Excesso de metal. Preciso me lembrar de ir ao dentista.

Respirei fundo. Segunda tentativa. Empurrei a porta giratória temendo o pior. Dessa vez ela foi gentil comigo. Ultrapassei as barreiras bancárias e alcancei território estrangeiro. Não sei por quê, mas banco para mim sempre foi uma terra alheia. Recolhi meus pertences com carinho e segui aliviada e incógnita. Já podia me misturar às pessoas do outro lado da fronteira.

Sou dessas pessoas discretas que pouco falam. E, nas raras vezes que isso acontece, também sou discreta. Quando estou numa sala, ou num banco, por exemplo, poucos notam a minha presença, não sou digna de nota quando fazem um relato de alguma ocasião. Presente, passado, futuro. Não, não sou cartomante. Apenas afirmo que poucos lembram ou lembrarão de uma situação ou cena em que eu seja o foco principal. Porém, se me falta prestígio no convívio social, me sobra habilidade em ficar em silêncio. É sem dúvida um grande talento, bem pouco explorado e reconhecido. Poucos sabem a importância de um silêncio bem colocado.

— Todo fim de mês é a mesma coisa. Só dois caixas atendendo.

Uma voz interrompeu meus devaneios. Quando muito, numa conversa, uso algumas interjeições monossilábicas, que, bem colocadas, também são de grande valia.

— Tá na fila há muito tempo?

Era uma voz feminina.

— Hum, hum.

Respondi seguindo meu manual de instruções.

— Eu não entro na fila dos idosos.

A voz insistia. Quando a situação reclama, faço no máximo uma pergunta curta, pontual e inofensiva, como a que eu fiz, sem nem me virar:

— Hum?

Depois de ter sido finalmente considerada uma pessoa confiável e merecedora de crédito, tinha me dirigido ao caixa. A fila estava enorme. Mais de vinte pessoas na minha frente. E atrás mais gente. Comecei a tirar da bolsa as tais obrigações que me levaram até ali e a calcular mentalmente o total que deveria deixar aos meus credores. Conta de telefone, conta de luz, gás, condomínio, cartão de crédito, plano de saúde. Estava toda enrolada com papéis e dúvidas acerca de onde colocar o meu velho guarda-chuva molhado, enquanto a voz impaciente fazia comentários. Eu não me virei. Como a fila estava grande, mais de vinte pessoas, achei que podia não ser comigo. Improvável, mas podia não ser. A voz podia estar falando com alguém ao seu lado, com um acompanhante, podia estar falando inclusive consigo mesma, como acontece muitas vezes quando a gente fala alto, mas na verdade está apenas pensando alto. O pensamento alto da voz que vinha de trás não parava de falar.

— Eu não entro na fila de idosos. Ah, não. Demora muito. Mais do que a fila normal. Tem uns velhos caindo aos pedaços que Deus me livre! Dá uma espiada.

Um cutucão vigoroso nas costas confirmou minhas suspeitas. Era comigo que ela falava.

— Tem uns velhinhos que esquecem a senha e ficam horas tentando lembrar! Aquele ali, coitado, tá há uns trinta minutos contados no relógio tentando lembrar a senha. Acho que já errou umas dez vezes. Não sei como ainda não foi bloqueado. Tem outros velhos que são surdos e não ouvem porra nenhuma! E tem ainda os que vão de bengala ou andador, e demoram meia hora pra chegar até a boca do caixa! Tô fora! Eu não tô caindo aos pedaços. Eu posso muito bem ficar nessa fila.

Desfeita qualquer dúvida, decidi conhecer a dona daquela voz já familiar. Virei-me. A senhora tinha cabelos ondulados passando um pouco dos ombros, pintados num tom entre o acaju e o ruivo. Olhos vivos, bem maquiados, como todo o rosto. Rosto de verdade — com rugas, excesso de pálpebras e tudo o mais que os anos trazem —, me dizia estar chegando aos... setenta? Oitenta? Ou quase lá. Roupa extravagante. Calça amarela bem larga. Bata amarela com detalhes em onça e uns bordados em paetês dourados. Bolsa de palha. Sandália alta, salto plataforma. Pulseiras e colar que faziam barulho quando ela se mexia. Por cima uma capa de plástico transparente — dessas que a gente compra de emergência quando é pego de surpresa pela chuva, geralmente quando se está num estádio de futebol, num show de música ou na virada do Ano-novo, ao ar livre. No ouvido um iPod. Um excesso de sobreposições. No meio disso tudo, ela. Falava mais alto que o normal devido ao fone em seus ouvidos. Estranhamente, ninguém se virou ou olhou em sua direção, apenas eu. Estabelecemos o primeiro contato. Ela animou-se. Lembrei de uma premissa básica que todos ali na fila pareciam conhecer: se não quiser que ninguém se aproxime, não faça o primeiro contato.

Entende-se como primeiro contato uma troca de olhar, um levantar de sobrancelhas, meio sorriso ou uma postura receptiva. Ninguém fez. Ninguém fez nenhuma das opções anteriores. Ninguém numa fila de mais de vinte. Eu fui a única a me virar e a reconhecer, ou melhor, a não ignorar que havia alguém falando. Todos os outros agiram como se fossem surdos ou como se estivessem ocupados com coisas mais importantes. Todos arranjaram coisas mais importantes para fazer. Uns coçaram a cabeça, outros fingiram atender o celular, e outros ainda buscaram uma caneta para rabiscarem sol, florezinhas e bonequinhos medonhos. As ações dependiam da criatividade de cada um. Eu fui a única a me virar e a única que, de fato, estava fazendo alguma coisa. Resolvi que o que eu estava fazendo podia esperar. Parei de somar o valor de cada conta, pois já tinha me perdido mesmo.

— Eu já fui jovem, sabia?

A senhora, que não estava caindo aos pedaços, me perguntou, e ela mesma respondeu:

— Pode acreditar. Foi a minha geração que inventou esse negócio de "juventude". A geração de vocês inventou a terceira idade! Percebe a diferença?

Ela desdenhou da categoria etária na qual estava enquadrada, contra a sua vontade, ao mesmo tempo em que tentava se livrar da capa de plástico transparente.

— Coisa mais babaca essa terceira idade.

Olhei para fila de idosos, e, justamente nessa hora, eu fui testemunha, o tal velhinho, que ainda tentava lembrar-se da senha, recordou os números mágicos. Bingo!

— Cada um tem a idade que tem e ponto final. O corpo tem a idade dele, envelhece mesmo. Mas aqui na cuca é a gente que escolhe!

"Cuca." Ela disse cuca batendo com o indicador na cabeça. Há tempos não ouvia aquela palavra seguida daquele gesto. Procurei em volta um olhar de cumplicidade. Nada. Ninguém. Deserto. Será que só eu apreciava raridades? Todos estavam enfurnados em si mesmos. A indiferença é cruel. Deixar alguém falar sozinho é um atestado de insanidade. Não, de louca aquela senhora não tinha nada. Ponto para ela. Mordi a isca. As faturas tinham ficado em segundo plano. Na verdade, a ordem dos fatores tinha se invertido. Acredito em chamados. O que me levou naquele dia, àquela hora, ao banco, não foram as contas. Foi ela. Era por ela que eu estava ali. Explico. Tenho aflição quando alguém fala e não recebe a atenção que merece. Se alguém tem o trabalho de abrir a boca, articular um pensamento e emitir um som — a fala é uma das atividades mais complexas para o cérebro humano — é por necessidade. Se alguém se dá o trabalho de falar, o mínimo que temos a fazer é... escutar. Falar para o vento é um enorme desperdício, mas é o que mais acontece. As palavras perdidas ficam batendo cabeça por aí, feito cachorro sem dono, sem saber o caminho de casa, gravitando em volta da terra, condenadas a vagar pelo universo. Um eco eterno de letras errantes. Um lixo espacial de frases soltas. Triste sina. Por isso sou cuidadosa com as minhas frases e com as dos outros. Procuro em todas elas colocar CEP e endereço completo — para evitar extravio, incompreensão, duplo sentido, prejuízo e arrependimentos. Nada de baldeações que atrasem a chegada. Gosto das falas ponto a ponto. Bem orientadas e conscientes. Que elas cheguem sãs e salvas aos seus destinos é o que sempre desejo; que comuniquem, traduzam sentimentos, sejam arautos de boas-novas, e, quando das más, que sejam cuidadosas e saibam a responsabilidade que carregam. Quanto estrago pode causar uma conversa fora de hora. Por isso zelo por elas. Que Deus abençoe todas as falas, inclusive as órfãs e as menores abandonadas.

A senhorinha falava. E eu, sem sair do lugar, ia atrás dela como se tivesse duas cestas enormes, uma pendurada em cada orelha. Corria, de um lado para o outro, tentando catar as palavras que saíam de sua boca. Não gosto de desperdícios. Além disso, aprecio os detalhes e os pormenores. Nada me escapa. Nessa hora sou sovina, guardo tudo o que me é dado.

— Ah... Isso que é música! Tá tudo aqui, ó! Quer ouvir?

Ela me mostrou orgulhosa o iPod que segurava.

— Do que você gosta? Tem de tudo. Janis Joplin, Jimi Hendrix, The Doors, Bob Dylan, Stones e Beatles, é claro! Comprei o meu primeiro compacto dos Beatles quando tinha quinze anos. Pirei! Essa música da Janis Joplin é a minha preferida! "Piece of my Heart". Conhece? Escuta só que obra-prima!

Sem que eu respondesse que sim ou que não, ela pegou um dos fones e tascou no meu ouvido direito, deixando o outro no seu, de modo que ficamos muito próximas para duas estranhas. Próximas demais. Dividir as músicas de que gostamos é de uma intimidade absurda; confesso que não fiquei muito à vontade com a situação. Em compensação, ela parecia sentir-se em casa. Caprichou no volume e cantou a música num inglês bem alto. Janis Joplin não tinha nada a ver com aquela fila de banco, mas sua voz visceral ignorou formalidades, frescuras ambientais, e arrancou da senhora, com detalhes em onça, um sorriso memorável. Estava eufórica.

— Escutei muito durante a minha viagem! Uma viagem que eu fiz. Fiquei uns dois anos por aí. Vendi o que eu tinha e o que eu não tinha e caí na estrada! A coisa mais sensata que eu fiz na vida. Meus pais piraram. Fiz toda a América do Sul de carona. Machu Picchu, Montevidéu, Santiago, Lima, La Paz... Sabe folha de coca? Já mascou? Tive umas experiências muito loucas com folha de coca!

A fila andou e eu não tive tempo de responder. Mas mesmo que tivesse não o faria. Numa situação como essa, jamais faço comentários, tomo partido, faço juízo ou julgamento de qualquer espécie. Também não gosto de dar opinião sobre nada, porque minhas opiniões são só minhas e têm pouca serventia para os outros. As pessoas que de mim se aproximam não esperam opiniões. Pois se quisessem teriam uma overdose delas em cada esquina.

— Da América do Sul fui pra Central, depois México e Estados Unidos. Quando cheguei em São Francisco... São Francisco era "o lugar" na década de 1960. Pirei em São Francisco! Conhece São Francisco? Lá eu conheci uns mochileiros que iam para Nova York de motocicleta. Sabe para onde eles estavam indo? Woodstock! Sabe as imagens que a gente vê do Festival? Aquela multidão? "Paz e Amor"? Gente tirando a roupa? Eu sou uma daquelas garotas de peito de fora! Tinha uns peitos bonitos, durinhos. Eu, no ombro daquele cara, me sacudia toda e os peitos não saíam do lugar. Até hoje não consigo lembrar como fui parar no ombro daquele cara. Pra falar a verdade eu não tenho a menor ideia de quem era aquele cara. Não me lembro de jeito nenhum. Mas eu estava muito doida. Tinha tomado um ácido. Eu viajei que meu corpo emanava uma luz vermelha, e a luz vermelha vinha subindo pros meus cabelos... subindo... subindo... E foi me dando um calor... um calor... Aí eu tirei a roupa! Minha filha acha que eu só tirei a parte de cima. Mal sabe ela que eu tirei a roupa toda! Ainda bem que não saiu nenhuma foto minha pelada. Fiquei nua em Woodstock. Sou praticamente uma lenda viva do rock. Fiquei fora de órbita quase um mês. Ácido é uma loucura. É uma experiência. Mas não é pra qualquer um, não. Mas é minha onda preferida. Era. Já tomou ácido? Quando voltei do ácido estava numa comunidade hippie que pregava o amor livre. Já fez sexo grupal? É uma experiência.

O "não" não faz parte do meu vocabulário. Quem sou eu para negar, discordar ou censurar alguém. Transito por uma terra na qual tudo é permitido, nada é feio e ninguém é culpado. O sinal está sempre aberto.

— Por incrível que pareça a bacanal é uma coisa muito organizada, um exemplo de civilidade! Há muito respeito numa bacanal. E a suruba daquela época não é a que se faz agora...

As pessoas que de mim se aproximam só querem uma coisa: serem ouvidas.

— Há uns dois meses eu fui numa dessas casas de suingue, troca de casais. Já foi? Uma caretice! Um bando de gente chata, decadente, sem graça. Todos caretas! Não me deu o menor tesão.

Notei que à nossa volta alguns olhos começaram a nos bisbilhotar por frestas providenciais. Entre as páginas de um livro, por detrás de óculos escuros, roendo as unhas de nervoso. Nunca abertamente, por mais direta que minha interlocutora fosse. Os olhos alheios disfarçavam como podiam e, de vez em quando, se intrometiam entre a gente. Mas para estes já era tarde. Perderam o bonde da história. Podiam até pescar uma palavra picante aqui, outra provocante acolá, mas o que a senhorinha queria dizer estava longe. Seus segredos estavam escondidos na alquimia entre o que se fala, o que se omite, e o que nem se pensou em dizer mas que dos olhos escapa. Eu, que apostei todas as minhas fichas nela, sobrevivi a todas as suas loucuras e ainda ganhei de presente muita... experiência.

— Sexo pra mim é uma coisa diferente. Espiritual. Transcende a matéria. Claro que a matéria também conta, a carne. Mas não é o mais importante. Através do sexo a gente consegue chegar a outras dimensões. Os orientais sabem disso. Já experimentou sexo tântrico? Mas já ouviu falar em sexo tântrico. É uma experiência. Hoje em dia só se fala em orgasmo. O que fazer para atingir o orgasmo, como ter orgasmos múltiplos... Essa gente tá por fora! Sexo não é academia de ginástica! Essa garotada não sabe que gozar é consequência. O importante é a troca de energia. A energia sexual é muito poderosa. Eu já vivi momentos de verdadeiro êxtase. Posso dizer que atingi o nirvana numa transa. É. E foi com o pai da minha filha. Uma puta experiência! Estávamos numa mesma bacanal. Eu transei com vários homens e mulheres. E ele com várias mulheres e... homens. E no meio daquela gente toda, daqueles homens todos, a gente entrou numa sintonia, percebe? Eu sei que foi ele. Aí você vai me perguntar: "Mas como?" Energia! Eu olhei pra ele e senti: foi ele que me fecundou! E ele também teve a mesma certeza. E ponto. Nunca questionamos nada. Nada.

Sou totalmente leiga em matéria de bacanal, mas não disse nada à senhorinha. Para que decepcioná-la? Fiz cara de entendedora do assunto e escutei-a de igual para igual, como se fosse assídua frequentadora de orgias. De certa forma eu também era promíscua. Em outro sentido. Mas era. Relacionava-me com muita gente, ia com quem me quisesse, por quem eu me interessasse. Estava às ordens para quem de mim precisasse. Sem distinção de credo, raça, idade. Uma prestadora de serviços.

Fiquei olhando para ela. Observando seu jeito todo. Corpo e voz. Passeei por seu rosto, pescoço, mãos... Estava fazendo um *tour* pela senhorinha, quando: Bzzzzzz... Um zumbido no meu ouvido começou a incomodar. Bzzzzzz... Que coisa chata! Não era mosquito, não era água entupida. Bzzzz... Continuei o passeio tentando ignorar o barulho incômodo. Estava passando pelos dedos dos pés quando senti uma pressão na cabeça. O som das pulseiras e colares, que ela fazia quando falava foi ficando longe... longe... E, por mais que eu me concentrasse em seu pé esquerdo, o dedão foi desfocando, o calcanhar foi perdendo a nitidez. A última coisa de que me lembro foi ter reparado que o dedinho mindinho tinha um calo. Pisquei os olhos. Pisquei de novo. E quando abri... Quando abri os olhos estava num lugar que eu não conhecia, mas que não me era estranho. Uma sensação de déjà-vu. Olhei em volta e nada da senhorinha. O lugar parecia um estacionamento abandonado, de concreto, com algumas goteiras que caíam do teto e faziam poças no chão. Fiquei um tempo parada, sem ousar me mexer, com um pingo insistente batendo na testa. *Plic. Plic. Plic...* Até que comecei a ouvir um som esquisito, distante, que não dava para distinguir. Senti medo e curiosidade. A curiosidade me fez andar. Fui seguindo cautelosamente o som. Atravessei todo o estacionamento até entrar por um corredor estreito, teto baixo, abafado. No final do corredor, uma grande porta estofada em gomos, de couro vermelho. Fui me aproximando. Estava tensa, o coração acelerado. Cheguei mais perto, o som aumentando, aumentando, aumentando... Encostei os ouvidos nos gomos de couro vermelho. Gemidos! Eram gemidos! Reconheci. Empurrei a porta, que estava apenas encostada, e esta abriu para um salão enfumaçado, com luz difusa e muitas pessoas. Não saberia dizer quantas. Eram muitas que pareciam uma. Um bolo de gente. Fui chegando mais perto... mais perto... E lá, no meio do bolo, estava ela, revirando os olhos de prazer. Submersa entre muitas pernas, misturadas com braços de cores diversas, bundas de vários tamanhos, sexos com muitos cheiros, membros eretos, outros flácidos, fazendo movimentos, roçando cabeças, procurando orifícios, pelos em cima e embaixo, saindo de bocas, grudados em línguas, peitos amamentando umbigos fundos. Tudo amalgamado, e ela no centro, o sol, daquela grande engrenagem de sacanagem. Parecia feliz. Ela também me viu e, não sei como, no meio de tudo aquilo, conseguiu acenar para mim. Hã? O que ela queria? Acenava. Gesticulava. O quê? Hã? Ah... Ela me chamava! Ela me chamava para dentro do bolo!

— Eu? Hum. Agradeço a gentileza, mas... Não sei. Posso pensar um pouco?

Acho que ela não ouviu minha hesitação. Antes que eu decidisse se aceitava ou não o convite veio de novo o zumbido. Bzzzzzz. Bzzzzz. Plaft! Enchi a mão espalmada no ouvido esquerdo. Bzzzzzzz! Errei o alvo. Definitivamente não era mosquito. A última coisa de que me lembro é de dar três pulinhos numa perna só. Bzzzzzzz! Nada. Não era água entupida no ouvido. Foi então que senti a mesma pressão na cabeça de antes. A vista foi embaçando, embaçando, desfocando... E, aos poucos, os gemidos foram dando lugar ao som dos caixas, digitando códigos de barras. Pisquei os olhos. Pisquei mais uma vez. O.k. Tinha voltado. Fila do banco. Ela continuava falando, a senhorinha. Estava bem na minha frente, em carne e osso. Mais osso do que carne, de roupa de onça, um pouco curvada. Terminei meu passeio por ela, pensando: deve ter sido alta, um dia. Por onde mais teria andado aquele corpo enrugado?

— Já a minha filha... Minha filha quer fazer exame de DNA. DNA?! Ela não entendeu nada, DNA não quer dizer nada, até porque o que importa não é a família do seu DNA. É a família espiritual. Nesse ponto eu e minha filha não somos mãe e filha. Talvez ela seja minha avó. Talvez sejamos duas estranhas. Pode ser.

Nós, nós duas, eu e ela, não éramos. Nunca mais seríamos. Duas estranhas. Peguei, de dentro da bolsa, a carteira. Retirei o talão e preenchi um cheque para depósito. Ela olhava por cima do meu ombro me acompanhando: local, data, assinatura. No verso: telefone e identidade. Sempre fui tão correta. Tão cumpridora de deveres. Envergonhei-me do cheque com letra legível. Um atestado de normalidade. Nunca, nem em pensamento, joguei tudo para o alto e fui andar pelo mundo. É verdade que não sou provinciana, tenho viajado bastante. O mundo tem vindo até mim em forma de palavras. Conheço lugares incríveis, através das imagens que as palavras dos outros constroem.

— Agora, eu e o pai dela éramos da mesma família astral. Tivemos um encontro cármico que gerou uma vida. Uma puta experiência. Isso ela não entende. Ela não puxou a nenhum de nós dois, a minha filha. Careta! O que se leva desta vida a não ser experiências?

De vez em quando a fila andava. Muito lentamente. Os caixas modorrentos colaboravam conversando entre si. Levantavam, saíam para resolver pendências internas, demoravam a voltar. Mas, àquela altura, vou ser bastante franca, que me perdoem os meus companheiros de fila, eu já não fazia questão de eficiência ou produtividade. Estava tão entretida com a história de sexo, drogas e DNA da senhorinha que, sem perceber, torcia para que o rapaz à minha frente — um boy, carregado de contas — retirasse da mochila pendurada em seu ombro mais um bolo de faturas e boletos, o que certamente me renderia um bônus extra de conversa. E de surpresas.

— Sou aposentada do INSS. Quer coisa mais careta do que isso? Não combina com meu estilo de vida! Fazer o quê? A gente envelhece. Nunca pensei na velhice. Até porque quando a gente é jovem não pensa nessas coisas. Sabe quem pagou meu INSS durante todos esses anos pra eu ter direito à aposentadoria? Minha filha. Acredita? Pagou pra eu ficar todo final de mês nessa fila. Aposto que ela fez de propósito! Sempre tentou me enquadrar. Conseguiu. Tô aqui nessa fila pra receber uma "merreca". Acha que ela fez isso pra cuidar de mim? Ela fez isso pra *não* ter que cuidar de mim. Percebe a diferença? Castigo! Ela quis me punir. Porque na cabeça dela eu sou uma velha depravada, maluca, drogada... Só porque eu fumo um baseadinho em casa, sossegada, sem incomodar ninguém, eu sou drogada? Mal sabe ela que a drogada da família não sou eu. É a filha dela! A minha neta. Outro dia peguei a garota no pé do morro, muito louca, com uns caras estranhíssimos. Tive uma conversa séria com ela. A mãe não desconfia de nada. A mãe dela, a minha filha, só se preocupa comigo. Eu sou o grande "carma" da vida da minha filha. Mas a garota vai dar trabalho. Tá se afundando. E quando se afundar de vez eu vou falar pra minha filha. Tá vendo? Você não sabe de nada. Tá por fora. Outro dia fez um escândalo porque foi me fazer uma visita e achou uma bagana no meu cinzeiro. Fiquei com uma vontade de dizer pra ela. Você não sabe de nada. Tá por fora! A minha maconha é com receita médica. No duro, foi meu médico que me receitou. Médico homeopata, dr. Branco, que sabe das coisas. Não quis me encher dessas drogas alopáticas, pra eu ficar toda inchada, deprimida... Por causa de uma dorzinha? Me receitou *marijuana*. Também tô tomando uns chazinhos, faço cromoterapia, medito... E é isso aí, tenho certeza de que vou ficar boa. Certeza absoluta! Acredito no poder da mente. E a minha mente quer viver. Eu amo a vida. Tenho ainda muita coisa pra fazer aqui no plano terreno. Ainda vão ouvir falar muito de mim. Não vai ser uma radiografia besta que vai dizer quanto tempo eu tenho de vida.

Ela fez uma pausa. Parecia ensaiada. Às vezes a vida tem pausas tão perfeitas e espontâneas que parecem premeditadas. São as pausas verdadeiras. São momentos de suspense. É preciso parar, respirar e decidir seguir em frente. Ou não.

— Me deram seis meses.

Outra pausa. Que perfeição. Sessenta anos passaram como um trator depois daquela frase. Senti um frio na espinha. Conversava, até então, com uma adolescente que, de repente, virou uma anciã. Com os dias contados. Tudo me passou pela cabeça: injustiça, revolta. Quase caí na armadilha de transformar uma pausa dramática verdadeira num dramalhão. Ela me corrigiu a tempo.

— Eu ri na cara da doutora que me entregou os exames. Eu falei. "Daqui a seis anos a gente conversa." Bati com a porta na cara dela e fui fumar um baseado. Não contei nada pra ninguém. Muito fria aquela médica. Quem ela pensa que é pra me dizer quanto tempo eu tenho? Deus?!!! Arrogante. Pensa que um câncer vai me derrubar. Tem gente que tem medo de falar o nome da doença. Pois eu quero falar pra você. Tenho câncer. Câncer. E vou pro mano a mano com ele! Vamos ver quem leva a melhor.

Ela sabia que podia contar comigo. Eu estava ali, na fila, ao seu lado. Presente, atuante, sem fazer figuração. Ela falava, eu escutava. O que ela me dava eu retribuía. Conversamos. Trocamos impressões. Do meu jeito. Quanta coisa lhe disse sem abrir a boca, sem pronunciar um ai, que é diferente de não dizer nada. Quanta coisa lhe disse sem apelar para o sim ou não, as duas palavras mais mentirosas de toda e qualquer língua existente. Mantivemos um diálogo intenso e equilibrado, sem pender para nenhum dos lados, e sem tomar partido algum. Sem ilusões em tons pastéis, nem tampouco pessimismos fúnebres. Ela entendeu o recado e respondeu à altura. Com coragem. Afinal éramos duas estranhas íntimas — era tanta intimidade que já tínhamos até nossa trilha musical, na qual Janis reinava soberana. Duas cúmplices. Ela palco, eu plateia. Que grande privilégio assistir a seu solo. Eu sabia que era para mim que ela se exibia. Só para mim. Pouco importava se aquele privilégio me foi concedido porque os outros desdenharam dela. Sorte minha. Sobraram-me, entre outras coisas irrelevantes, toda a felicidade e tristeza de sua vida.

— Doutora filha da mãe. As mulheres, hoje em dia, estão mais frias que os homens. Não entenderam nada. De feminismo, direitos iguais... Minha filha é um homem no mau sentido. Fria, sem emoção, só pensa em trabalho, acha que pode mandar em todo mundo. Um saco! Se eu contar pra ela que eu tô com essa "dorzinha", ela vai me encher o saco, vai dizer que é por causa de tudo que eu fiz, da vida que levei... Mal sabe ela a vida que eu vou levar daqui pra frente. Eu não acredito, mas... Se eu só tenho seis meses de vida, eu tenho que aproveitar, não é?

A fila andou. A vida dela também. Eu era a próxima. À minha frente, as contas e o caixa. Atrás de mim, ela, de cabeça baixa, mexia na bolsa. Coisa rápida. Seis meses passam rápido para quem tem tanta coisa para fazer. Ela levantou o rosto. Uma tonteira. Tentou apoiar-se nos meus olhos. Coisa rápida também.

— Já fez terapia de vidas passadas? — perguntou-me desconfiada.

Eu sucumbi ao seu apelo. Toquei em seu braço e contei uma mentirinha inofensiva.

— Já.

Ela sorriu reconhecendo meu esforço. Olhou-me agradecida. Eu já devia ter aprendido. Mentira tem perna curta. A senhorinha pegou o cartão do INSS dentro da bolsa, colocou os fones no ouvido e falou de uma forma completamente diferente de todas as outras vezes. Com o coração apertado e verde.

— É uma experiência.

Atrás dela, um homem que segurava muitos papéis dirigiu-se a mim. Estava impaciente.

— Moça, olha a fila.

Era a minha vez. A vez de todos chegaria um dia. Ela seria a próxima. A senhorinha. Janis Joplin empurrou-a para o caixa livre.

"Escutar demanda energia, dá trabalho. Requer atitude. A relação entre a fala e a escuta é uma garantia de vida eterna para as histórias."

Noite de Natal

Não é para me gabar, não, mas desafio qualquer pessoa a me apresentar quem escute melhor do que eu. Mas não fico me vangloriando do meu talento, e podem ter certeza de uma coisa: de mim nunca fiz propaganda. Continuo incólume ao grande público. Sem fama, sem cama, solitária. Fui uma criança solitária, uma adolescente estranha, sou uma adulta à qual já se acostumaram. Sou quase invisível. Vivo, por escolha, na sombra. É o meu caminho. Mas, quando alguém necessita ser ouvido, sou achada na multidão como se fosse um farol numa praia em névoa. Sentem minha presença a milhares de quilômetros. Não me pergunte como. Não saberia responder. Sou um caso metafísico. Uma função de fé e sacerdócio. Antena, portal, cavalo de uma entidade dos ares. Quem sabe não trago esse dom de outras vidas? Já me imaginei um padre em outra encarnação ouvindo confissões de uma cidade inteira. Confesso. Fiquei com a boca cheia d'água. Essa vocação vem desde criança. Aliás, desde que me entendo por gente. Manifestou-se. Não, não sou médium nem espírita. Nada contra religiões. Acredito no sobrenatural, de uma maneira geral, sem entrar em muitos detalhes. Mas tenho minhas superstições, fé no imponderável e no acaso. Dos dois eu já tive provas suficientes e é só. Para mim é o bastante.

Esse talento manifestou-se, a princípio, com os parentes. Avós, tios, sobrinhos, irmãos. Ninguém comentava, fingiam que nada sabiam, mas, individualmente, todos experimentaram meu silêncio. De cada um, sem exceção, fui confidente, sem um saber nada do outro. Bastava aquele primo distante — que só se vê uma vez por ano — estar ao meu lado que sentia uma coisa, um troço, uma comichão na língua, uma coceira na alma — seguida imediatamente de uma vontade incontrolável de contar a sua história. Aos sete anos de idade já tinha ouvido todos os problemas, fofocas, intrigas, amores e desafetos da família inteira.

Quando vasculho a memória à procura de minha primeira experiência como *ouvinte*, recaio sempre na mesma cena — é claro que tenho flashes, lampejos de outras situações e idades até mais tenras, mas essa é a primeira que me recordo em detalhes, que sou capaz de reproduzir com frescor e tintas. Um Natal em família, em algum ano da remota década de 1970. O cenário se repetiria durante muito tempo, ano após ano. Casa da tia Nancy. Casa sem grandes luxos, mas espaçosa e aconchegante o suficiente para abrigar parentes e agregados. Salas, varanda, quintal. Basta eu acessar essa gavetinha da memória que começo a escutar a Aninha ao piano. Ao recordar as notas iniciais daquela música natalina, sou sugada por uma espiral gigante-tobogã para uma enorme mesa retangular, toalha de linho, prato de rabanadas, taças de vinho, nozes, castanhas e afins. Foi ali, em meio a bolinhos de bacalhau e peru assado, que eu descobri o significado daquele agrupamento de gente, consanguíneo, chamado família.

Estamos no dia 24 de dezembro de 1976. Para mim aquela comemoração era uma novidade — quando se é criança tudo é uma novidade, inclusive o Natal, festa que por definição é a repetição de uma tradição. Não há muitas surpresas que se esperar no dia 25, a não ser a surpresa dos presentes. Se bem que há controvérsias. Até os presentes que ganhamos seguem uma mesma linha de raciocínio e previsibilidade, dependendo do emissor do embrulho, pacote ou caixa. Mas aquele Natal, em especial, me revelaria mais segredos e surpresas do que o próprio Papai Noel poderia trazer.

Lembro-me num cantinho vazio, procurado meticulosamente, longe do alvoroço da sala de jantar onde conversava, euforicamente, a festa inteira. Estou sentada, toda satisfeita, no tapete vinho floral, no chão da pequena saleta da casa da tia Nancy, ao lado da árvore de Natal. Minha vontade era ficar ali, ao lado daquela árvore com umas bolas vermelhas "que criança não pode pegar que quebra" e luzes piscando, para o resto da minha vida. Era uma árvore de Natal modesta, mas para mim era a coisa mais linda e encantadora do mundo. Foi o meu primeiro contato com o mundo das luzes. Muitas coisas ficaram claras naquela noite, posso dizer isso hoje, olhando minha vida de trás para a frente. Percebo que aquela noite foi uma espécie de degustação e encruzilhada. Todas as opções e escolhas que fiz depois foram influenciadas por aquele Natal.

Eu estava brincando com o presente que tinha acabado de ganhar de minha avó, uma boneca de pano — com tranças e franja de lã — e vestido xadrez, vermelho desbotado, tipo toalha de piquenique. Como as bonecas eram ingênuas na década de 1970. Hoje elas são poderosas, confiantes, corpos esculturais, peito, bunda, cabelos bem-tratados e fartos.

Bonecas independentes que já saem da caixa sabendo o que querem da vida. E pensar nas trancinhas da minha adorada boneca de pano. Meu rosto, naquele momento de intimidade com a boneca, devia ser a tradução da mais completa felicidade.

Escondida, naquele cantinho esquecido, rezei para que ninguém me achasse. Meu plano parecia perfeito. Até que um tio, desses com quem a gente não tem muito contato, que nos chamam pelo nome da nossa irmã, da prima, ou pelo primeiro nome que lhe vem à cabeça — que falam com a gente sem saber ao certo de quem somos filhos e qual o parentesco que nos une — invadiu o meu "esconderijo". Foi uma entrada triunfal. Sozinho encheu a pequena saleta de tal forma que mesmo naquele momento de felicidade, mesmo sendo eu uma criança, achei que o lugar seria pequeno demais para nós dois. Meu tio Orlando era espaçoso. Entrou de costas, gesticulando, rindo alto e ainda dando palpites na conversa da sala de jantar.

— Tia Nancy, a rabanada está divina! A melhor que eu já comi em toda a minha vida!

Numa mão ele segurava um prato com rabanada e na outra um copo de uísque. Na cabeça, sei lá eu o que ele levava. "Nem um pingo de juízo!", como dizia minha avó.

— Aninha, sua danadinha! Tá chegando a hora, hein! Mal posso esperar.

Falou de boca cheia. Orlando era a festa. Estava animado. O Natal não seria o mesmo sem ele. Finalmente se desligou do burburinho anexo, virou-se cambaleante e dirigiu-se a uma cadeira. Sentou-se. Imaginando-se sozinho, deixou a fisionomia cair. Relaxou. Desabou. Transpirava. Tomou outro gole de uísque. Olhou para a árvore de Natal e, surpreso, descobriu que tinha companhia. Eu, sentadinha ali, segurando a boneca. Ajeitou-se na cadeira e ficou me olhando fixamente por uns dez segundos, com um meio sorriso congelado e olhos vidrados. As bolas refletiam o vermelho em seu rosto. Já não tinha a euforia da entrada triunfal nem o abatimento da presumida solidão. Tive medo de o sorriso congelado do meu tio derreter e espatifar as bolas vermelhas, "que criança não pode pegar que quebra". Já houve época em que bolas de Natal quebravam. Aos poucos os olhos vidrados do meu tio foram recuperando vida e cor. Voltou a falar animadamente.

— Você gosta do Natal? Tem gente que não gosta de Natal. Eu gosto.

Falava para alguém que não era eu. Mas era a mim que ele se dirigia. Achei, não sei por quê, que devia lhe dar atenção. Mais. Que minha atenção era o que o meu tio queria e precisava. Não sei por que me ocorreu tal pensamento.

— Tem gente que acha o Natal uma data triste. Eu não acho. Tem gente que fica deprimida. Eu não fico. Natal pra mim é um dia de ganhar presentes, rir, beber, comer, comprar coisas bacanas... Tem gente que acha uma época confusa, muita gente na rua. Eu não acho. Gosto desse corre-corre, o pisca-pisca das luzes, as lojas cheias, o comércio lotado, essa eletricidade no ar... E o dinheiro correndo!

Riu de um jeito que fazia tremular as frágeis bolas vermelhas, pelas quais eu temia depois de tantas recomendações. Torci para o meu tio não abusar das exclamações nem da alegria.

— Quer um pedaço de rabanada?

Sem que eu respondesse, cortou um pedaço imenso do quitute natalino e veio com o garfo na minha direção fazendo aviãozinho.

— Olha o trenó do Papai Noel!

Achei sem graça a brincadeira, afinal, já tinha passado daquela fase. Brincadeira de aviãozinho era para crianças pequenas, não para mim, uma moça de sete anos. Tio Orlando, do mesmo modo que não sabia meu nome, não devia saber minha idade. Não tive escolha senão participar daquela farsa etária. Fingi que ainda brincava de "aviãozinho" e ele fingiu que achava aquela brincadeira divertida. Sobrou uma risada forçada da parte dele. Da minha, uma boca cheia com um pedaço enorme de rabanada que eu mal conseguia mastigar.

— Natal é muito bom. Em que outra data você pode comer rabanada? Não entendo por que só se come rabanada no Natal, uma coisa tão gostosa pra comer no café da manhã. Aceita um uísque?

Um voo radical. Ele foi da refeição matinal para o álcool providencial, sem escalas, estendendo o copo na minha direção, me oferecendo a bebida.

— Brincadeira!

Orlando passou com o uísque pelo meu rosto desenhando um semicírculo no ar. Deu para sentir o cheiro do malte perto do meu nariz.

— Mas eu aposto que daqui a uns anos você vai querer.

Como uma profecia filosófica, disse num tom mais baixo, irônico, olhando para o copo. Uma piadinha existencial que na hora eu não entendi. Mas, hoje, reconheço. Ele tinha senso de humor.

— Natal é uma festa. Ainda mais na nossa família. Ô família festeira!

Levantou o copo num brinde imaginário. Bebeu um gole de uísque e tentou puxar assunto.

— A sua boneca já jantou? Tem que jantar. Tá muito magrinha.

Antes que eu falasse qualquer coisa, levantou-se da cadeira, foi até a porta da pequena saleta e colocou a cabeça para fora.

— Ô Jorge! Me arruma um cigarro aí? É o último! Não? Tudo bem.

Voltou desconcertado, tentando disfarçar.

— Só tem gente boa na nossa família. Daqui a pouco todo mundo vai começar a beber, ficar alegre, vai começar a cantoria, a Aninha vai pro piano, vai tocar a música de sempre... Não tô reclamando, não. Ela toca bem, muito bem, a única música que ela sabe tocar. Todo ano a mesma coisa. Sempre a mesma música. E o incrível é que eu gosto.

Orlando cantarolou a música que me é tão familiar e faz parte da trilha sonora da minha vida. É uma música pouco conhecida aqui no Brasil. Mas no Natal lá de casa é a campeã das paradas de sucesso. Tudo porque o pai da Aninha, fã do Frank Sinatra, escutou-a numa viagem aos Estados Unidos, e se tocava no *Merry Christmas* americano... Assim que voltou de viagem, tio Jorge providenciou um instrumento para que a filha aprendesse a tocar a música do Frank. Como boa filha que era, Aninha atendeu prontamente ao pedido do pai. No Natal daquele mesmo ano, Aninha sentou-se ao piano e apresentou o resultado de seu empenho. Tocou a música com perfeição. De trás para a frente. De frente para trás. Andamento acelerado. Mais lento. De todas as formas e variantes possíveis. A família embevecida fez coro. *Uma virtuose! Que talento! O orgulho do tio Jorge!*

No ano seguinte a expectativa era maior ainda. Todos queriam saber o que o "gênio precoce" tocaria. Queriam aplaudir o progresso da pequena. E, verdade seja dita, Aninha não deixou por menos, deixou todos, novamente, boquiabertos. Simplesmente sem palavras. Em qualquer lugar do mundo seria considerada um fenômeno musical, tamanha sua habilidade com o instrumento, não fosse por um pequeno detalhe que a família iria descobrir com o tempo: só tocava aquela. Só sabia aquela. Não tinha o "sambinha de uma nota só"? Aninha era a pianista de uma música só.

Nos primeiros anos que se seguiram à estreia de Aninha, nós, ainda movidos por padrões musicais convencionais, aguardávamos ansiosos pelas novidades com as quais a menina nos brindaria. Era o momento mais esperado da festa.

Pontualmente à meia-noite, Aninha saía compenetrada da clausura de seu quarto — que funcionava como uma espécie de camarim — e, concentrada, atravessava o longo corredor até a sala de jantar, sem falar com ninguém. A família, num silêncio sepulcral, a acompanhava em procissão solene. Depois de todos estarem acomodados na sala de jantar, devidamente arrumada para a noite de gala, ela sentava-se ao piano, respirava fundo e, com a segurança que lhe é peculiar, vestida com uma cara de pau incomum, começava o seu show. O menor show da terra. Porque era o show de uma única música que se repetia exaustivamente. Ainda me recordo do som quase uníssono, que reverberava, espontâneo, da plateia:

— Uuuhh...

Era o burburinho da família quando reconhecia os acordes iniciais da música natalina. E, desfeito mais um ano de expectativas, algumas frases à boca pequena eram identificadas aqui e acolá:

— Não é possível!
— De novo?
— Será que ela não cansa do mesmo repertório?

Com o passar do tempo, vencemos o silêncio, o mal-
-estar, a desconfiança, e começamos a dar sugestões. Para encorajar.

— Toca aquela, Aninha!
— Aquela outra!

Fazíamos pedidos para incentivar:

— Roberto Carlos!
— John Lennon!
— Julio Iglesias!

Não adiantava. Aninha continuava convicta e inabalável em sua lealdade canina ao Frank Sinatra.

E assim, Natal após Natal, fomos compreendendo aquele talento tão peculiar. Já há algum tempo ninguém pede mais nada, não sugere mais nada, nem pergunta mais o que a Aninha vai tocar. Todos nós esperamos, ansiosamente, todos os anos, pelo momento em que a Aninha — hoje em dia uma "jovem senhora" — vai para o piano tocar. A mesma. Música. De sempre. É o ponto alto da festa.

> *You better watch out*
> *you better not cry,*
> *you better not pout I'm tellin' you why,*
> *He's making a list checkin' it twice,*
> *He's gonna find out who's naughty or nice,*
> *Santa Claus is coming to town,*
> *He sees you when you're sleepin'*
> *he knows when you're awake,*
> *he knows if you been bad or good*
> *so be good for goodness sake*
> *Santa Claus is coming to town*
> *You better watch out*
> *you better not cry,*
> *you better not pout I'm tellin' you why,*
> *Santa Claus is coming to town*

Orlando cantou, dançou, fez caras e bocas, e me fez rir. Um verdadeiro *one man show*. Sentou-se de novo. Respiração ofegante.

— Lembra do ano passado? Foi quando a Aninha estava no piano que deu aquela confusão. Ninguém sabe até hoje como começou. Só eu. Eu sei.

Olhou para mim cheio de si.

— Eu sei e até hoje não contei pra ninguém. Não contei pra não dar mais confusão. Mas eu sei muito bem quem foi que arranhou o carro do Zeca ano passado. Eu sei. E foi de propósito! Foi com gosto! Só eu sei quem foi. Eu sei, e não vou contar.

Fez suspense. Quis me provocar. Mas eu não estava nem um pouco interessada em saber quem tinha arranhado o carro de quem. O que eu queria era brincar sossegada com a minha boneca. Portanto, nada perguntei. Ele não desanimou diante da minha indiferença.

— Mas também o Zeca merecia, né? Folgado! Gosta de contar vantagem. Acha que tem o rei na barriga. Diz que faz e acontece. Coitada da tia Nancy.

Eu me virei em sua direção, perplexa. Ele me tranquilizou sorrindo.

— Não, não foi tia Nancy que arranhou o carro do Zeca, não. A tia Nancy quis colocar panos quentes, disse que tinha sido alguma criança fazendo arte. Criança nada! Adulto! E eu sei quem foi. Mas não adianta que eu não vou contar!

Ficamos assim. Um tabuleiro de xadrez. Ele esperando que eu perguntasse. Eu, que ele falasse. Até que, timidamente, Orlando arriscou uma jogada. Xeque-mate.

— Fui eu.

Falou baixo, procurando um olhar de cumplicidade, para logo depois explodir numa gargalhada infantil, orgulhosa, sádica e longa.

— Fui eu que arranhei o carro do Zeca! Arranhei e não me arrependo!

Aquela gargalhada sacana era contagiante. Rimos juntos sem eu ter a menor ideia do significado de sua "travessura". Excitado com a revelação que acabara de me fazer, Orlando tirou do bolso da camisa um maço de Galaxy. Bateu no fundo, puxou um cigarro, acendeu-o e deu uma tragada profunda como se quisesse sugar o mundo. Eu não entendi. Por quê? Por que tinha pedido um cigarro ao tio Jorge se ele tinha um maço inteirinho no bolso? Talvez porque preferisse o cigarro do outro. Algumas pessoas são assim, preferem tudo o que não é seu. Orlando dava longas tragadas. Quase perdi seu rosto na fumaça. Mas consegui acompanhar seus olhos que saltavam em meio à névoa.

— Nunca pensei que eu pudesse fazer aquilo. Mas o Zeca naquele dia me tirou do sério. Eu tava sentindo uma raiva tão grande... Quem mandou ele ficar se gabando? Dizendo que os negócios iam muito bem, que aquele ano tinha sido ótimo, tinha comprado um apartamento novo, trocado de carro, um carro importado, um carro que só faltava falar... Tinha que ficar falando do carro daquele jeito, porra?! Carro, viagens internacionais, hotéis cinco estrelas. Otário! Aquilo era pra mim. Era, tenho certeza! Ele tava debochando do meu emprego, do meu salário. E começou a se gabar, pra me humilhar.

Orlando falava, gesticulava e fumava. Foi com Orlando que eu percebi, pela primeira vez, duas coisas. Quando alguém quer falar não precisa de perguntas. Escutar demanda energia, dá trabalho. Requer atitude.

Deitei de barriga para cima, com a boneca nas mãos, balançando as pernas dobradas. Mesmo brincando tomava conta dele. Que continuava falando e fumando.

— O Zeca nunca engoliu o meu casamento com a Sônia. Você sabia que ele foi apaixonado pela Sônia, sabia? Ainda é. Eu vejo o jeito como ele olha pra ela. O jeito que ele olha pra bunda dela.

Ele esbugalhou os olhos e fez uma cara engraçada, imitando o Zeca olhando para Sônia. Eu ri.

— Mas ela nunca quis nada com ele. Isso ele nunca engoliu. Desde então ele não perde uma oportunidade de me humilhar, de dizer que é melhor do que eu, que faz e acontece, que tem mais dinheiro. Filho da mãe. Mas a mulher é minha! A Sônia é minha. Benfeito!

Apagou o cigarro no prato de rabanada, que estava em cima da mesinha ao lado de sua cadeira, embora na mesinha tivesse um cinzeiro. Vazio. Tomou mais um gole e deixou o copo de uísque ali também. Levantou-se. Percebi, pela sua respiração e pelo jeito do seu corpo, que o que viria a seguir era importante. Sentei-me. Sua fisionomia havia mudado. Uma excitação. Remexeu nos bolsos da calça justa boca de sino — típica calça dos anos 70 — e achou o que queria: várias chaves, dos mais variados tamanhos e formatos. Estavam todas presas num chaveiro que imitava uma roleta de jogo em miniatura, desses que a gente ganha de lembrança de viagem. Chaveiro do "estrangeiro". Na roleta em miniatura estava escrito "Las Vegas".

— Peguei o molho de chaves... — Ele ficou olhando para o chaveiro tentando entender sua sorte. — Não sei por que carrego tantas chaves comigo. Nem tenho tantas portas assim pra abrir. E as portas que eu quero abrir minhas chaves não entram. E quando as chaves entram as portas não abrem. As portas estão fechadas pra mim. Não tem chave que... Uma, duas, três, quatro, cinco, seis... Chave pra caralho. Não servem pra nada.

Ele riu. Riu do Zeca. Do carro do Zeca. De mim. De si mesmo. Ria. Começava a reconstituição. Dia 25 de dezembro. Mil novecentos e setenta e cinco. Garagem da casa da tia Nancy. Exatamente há um ano. Aninha tocava. A mesma música. De sempre.

— Peguei o molho de chaves. Escolhi a dedo. A maior. Uma Papaiz. Robusta, toda trabalhada, pontuda, quatro lâminas, com grande potencial de destruição.

Orlando levantou a rainha das chaves acima do rosto como um guerreiro levanta sua espada.

— Segurei a Papaiz entre os dedos como se tivesse uma faca nas mãos. E sem dó nem piedade fui arranhando do farol até o porta-malas.

Depois abaixou-a, solenemente. Foi então que eu pude ver, através de seus olhos, o carro importado do Zeca, bem na minha frente. Um estouro. Era chegado o grande momento. A apoteose. Ele deixou o guerreiro de lado e, já como um cirurgião habilidoso e frio, colocou a Papaiz na horizontal. Hora do show.

— Crac!

Orlando cravou o primeiro golpe.

— Zrzrzrzrzrzrzrzrzrrzrzrzrzrrzrzrzrzrz...

Reproduzia com a boca o som da chave arranhando a lataria do carro imaginário. Passou pelo espelho retrovisor arranhando lentamente até chegar à porta, deduzi. Ali ele parou, olhou para um lado, olhou para o outro, certificando-se de que não havia testemunhas, e então fez a festa. Arranhou repetidamente, indo para a esquerda e para a direita, para cima e para baixo, chegando ao requinte de acompanhar as mudanças de direção da Papaiz com o timbre de sua voz, modulando a altura e o ritmo do arranhão. Não satisfeito, começou a arranhar em círculos, como que para assegurar o estrago e aprofundar o prejuízo do Zeca. Tapei os ouvidos.

— Zirzziiirrrrrr! Zrirziiirrrrrrr! Zirzirzirzirrrr! Zirzirzirziiirrrrr!

Zirzirzirzirzirzirzirzir!!!!!

Ao chegar, deduzi mais uma vez, ao porta-malas, deu o golpe de misericórdia. A última estocada.

— Crac!

O serviço estava completo. Explodiu de novo numa gargalhada catártica.

— Aquele barulho irritante me deixou arrepiado. Um risco profundo. Um prazer profundo. Arranhei aquela merda de carro importado com gosto. Não sei de onde vieram aquela raiva e aquela revolta, eu só sei que me fez um bem. Lavei a alma! Quando voltei pra sala, era um outro homem. Remocei. Encontrei com a Sônia no corredor, ela até estranhou, lembro que ela perguntou: "Nossa, Orlando, o que deu em você? Você tá tão alegre!" Eu respondi: É Natal!

Ele falou abrindo os braços. Parecia o redentor. Ficou assim, olhando e pensando no que tinha feito. Os olhos vidrados, o meio sorriso congelado. Estava exausto. Transpirava uísque e satisfação.

Imagino a angústia do meu tio nos 365 dias depois daquela noite. Um ano de completa solidão. Trezentos e sessenta e cinco dias sem contar a ninguém. Sem poder dizer: fui eu. Sem poder dividir seu orgulho, raiva, vingança, despeito, coragem, sordidez, ou sei lá o que ele achava de tudo aquilo. Orlando ficou com tudo guardado até voltar ao mesmo cenário, um ano depois. Sentimentos guardados apodrecem. Envenenam o coração, dão gangrena, pus, enfarte. Só quando contamos o que aconteceu, quando falamos para alguém, o fluxo da vida volta a correr, normalmente, pelas veias. No sangue. Só quando a nossa voz tem uma testemunha o que fazemos passa a existir. Passa a fazer parte do universo. Mas isso eu só fui entender muito tempo depois. Eu fui a redenção do meu tio. Aos sete anos de idade. Eu e minha boneca de pano. Por nossa causa é que aquela noite, ou melhor, o que aconteceu naquela noite, de fato, aconteceu e não se perdeu para sempre. Por nossa causa sua história é uma história e deixou de ser nada. Não caiu no vazio do esquecimento e da ignorância. Não fosse por mim, o carro arranhado do Zeca teria se transformado em qualquer outra coisa: "criança fazendo arte", acidente, obra do acaso, uma fatalidade. Poderia ter sido tudo, menos o que realmente foi. Mas basta uma pessoa saber, uma pessoa escutar, que a história ganha vida própria, autenticidade, e segue adiante seu curso. Seria um grande desgosto para o meu tio sua história morrer com ele. No anonimato. Sem deixar descendentes. Ao escutar a história de Orlando, garanti-lhe sobrevivência. Enquanto eu viver ela continuará acontecendo, pois faz parte de mim. Escutar alguém é receber o mundo de herança.

Orlando ainda habita minhas lembranças e assombra meus pensamentos. Fecho os olhos e o vejo sentado, terminando seu relato.

— Não é qualquer um que admite isso. Eu nunca admiti. Primeira vez. Primeira vez que falo essa palavra. Mas ela sempre esteve dentro de mim, pulsando. Inveja. Sou. Sempre fui. Desde criança. Invejoso. Não sei por que as pessoas acham que a inveja é o pior dos defeitos. O mais feio, o mais cabeludo, o que ninguém quer admitir. Gula, ira, luxúria... têm até certo charme. Pois eu acho que a inveja bem "administradinha" não é tão feia assim. Qual o problema em querer comer a comida do vizinho, se a comida do vizinho é mais gostosa? Qual o problema em querer morar na casa do seu amiguinho da escola, se a casa dele é mais bonita, num lugar mais elegante? As coisas boas da vida custam caro: Porsche, Cartier, Yves Saint Laurent... Johnnie Walker Black!

Ele inclinou o corpo para a frente, cotovelo apoiado no joelho, e ficou olhando para o copo de uísque que segurava numa das mãos. Beijou o copo como um troféu. Tentava ver alguma coisa através do líquido dourado e das pedras de gelo que boiavam. Talvez tentasse adivinhar seu futuro. Talvez olhasse para o passado. Talvez tivesse pedido um presente de Natal.

— E tem que ser assim. Tudo na vida tem um preço. O preço das coisas boas da vida é alto. Na verdade, você querer o que o outro tem movimenta o mundo. Traz progresso. Faz você crescer, querer ter mais, ser melhor... que o outro! Que mal há nisso?

Orlando estava, naquele momento, a mil léguas submarinas da euforia da entrada. Pesava as palavras, falava pausadamente como se refletisse sobre o significado de cada frase. Tinha um olhar de estranheza. Um cheiro de fracasso.

— Só não entendo por que algumas pessoas têm tudo e outras têm tão pouco. Por que algumas pessoas não se esforçam nada e têm tudo. Não me conformo. Não tem lógica.

Ele levou o copo de uísque até a boca, bebeu o que restava e depois o virou de cabeça para baixo. Ficou assim, perdido, absorto, vendo as últimas gotas escorrerem do copo. Se eu pudesse voltar no tempo gostaria de ter dito ao meu tio: "A vida não tem lógica mesmo. Tem sentido."

Minha vida de menina também virou de cabeça para baixo. Não compreendia o que havia acabado de presenciar. Sentimentos e situações que estavam longe do meu alcance.

Durante muito tempo passei e repassei aquela noite inúmeras vezes, reconstituindo passos e palavras, juntando fatos e impressões. Lendo-a além das cores que a memória conseguiu reter.

Aninha, lá na sala de jantar, de alguma forma, compreendeu que o momento era especial e foi para o piano. A música transbordava até a pequena saleta onde eu e meu tio estávamos. Podíamos ouvir as vozes da família cantarolando a mesma melodia. De sempre.

You better watch out
you better not cry,

you better not pout I'm tellin' you why,
He's making a list checkin' it twice,
He's gonna find out who's naughty or nice,
Santa Claus is coming to town...

Orlando despertou do transe. Pegou o prato de rabanada com a guimba de cigarro apagada, o copo vazio, e levantou-se disposto a engrossar o coro. Dirigiu-se até a porta. Mas, antes que pudesse sair da pequena saleta, estancou e deu passagem. Um furacão azul-esverdeado entrou dançando, deixando-o atônito, virando o tempo.

Entrou esvoaçante e pesada. Uma nuvem carregada que antecede a chuva. Meu tio deu meia-volta, talvez para evitar que desabasse um temporal, e fez-lhe as honras da sala, cheio de salamaleques. Puxou a cadeira, o furacão sentou. Ele abaixou e falou qualquer coisa em seu ouvido, ela riu, e lhe deu um beijo molhado no rosto. Ele se afastou. Ela equilibrou o dry martíni que trazia numa das mãos, com a outra ajeitou o palito com a azeitona para o canto da taça, e bebeu mais um gole generoso, sofregamente. Já dava para ouvir o vozeirão do meu tio cantando pelo corredor, indo na direção da sala de jantar.

He sees you when you're sleepin'
he knows when you're awake,
he knows if you been bad or good
so be good for goodness sake
Santa Claus is coming to town
You better watch out

you better not cry,
you better not pout I'm tellin' you why,
Santa Claus is coming to town

O furacão azul jogou a cabeça para trás e riu. Estalava os dedos e mexia os ombros com charme, acompanhando o ritmo do piano. Eu, hipnotizada, saí de perto da árvore de Natal e fui sentar-me no chão, ao lado da mesinha, próximo a sua cadeira. Ela me brindou com um olhar sem surpresas. Tudo nela cintilava. Os cabelos ondulados meio acobreados, meio louros. O vestido azul amarrado no pescoço, deixando as costas nuas, vestido que descia justo até a cintura marcada por um cinto estreito, de metal dourado, e depois abria numa saia generosa, até acima dos joelhos, lhe acentuando o corpo benfeito. Pés benfeitos calçando sandálias altas, douradas. Unhas benfeitas, compridas, pintadas com esmalte escuro, quase preto. Argolas grandes, douradas, pendendo das orelhas. Perfume forte, sem ser vulgar, que deixava um rastro por onde passava. Toda harmoniosa. Chique. Elegante. Sônia. Sônia de olhos azuis-esverdeados grandes. O furacão azul. Ela era um acontecimento. Carismática, parecia ter um ímã escondido em algum lugar do corpo que, ao mesmo tempo que atraía, impedia de se chegar muito perto. Eu estava presa nesse campo magnético, encantada com sua presença. Era a primeira vez que ficávamos sozinhas. Nós duas. Pensei: "Tio Orlando é um cara de sorte! Tem a Sônia, inteirinha, só pra ele."

Acho que toda menina é assim. Tem sempre uma amiga, uma prima ou tia mais velha que quer imitar, copiar, ser igual. Sônia era a tia da família que todos queriam ser igual. Nossa pop star. Parecia sempre feliz. Uma felicidade de um tom acima que eu não sabia explicar. Intrigante. Olhei-a querendo fixar sua imagem na memória, para mais tarde imitá-la diante do espelho. Naquela hora desejei pintar as unhas de negro, desejei ter olhos azuis-esverdeados, desejei tomar dry martíni e ser cintilante. Ela ignorava meus desejos e devoção, continuava curtindo a música. Estava naquele estágio em que a bebida está virando a curva da euforia para entrar numa seara desconhecida, que traz à tona facetas da nossa personalidade que a gente desconhece. Olhou-me. Cruzou as pernas. Jogou a cabeça para trás afetada e me pegou de surpresa.

— Detesto Natal! Detesto! Data mais sem graça. Eu não vejo sentido. Comemorar o aniversário de uma pessoa que nasceu há mais de dois mil anos? Tenho mais o que fazer. É a época do ano em que eu mais trabalho. Por mim, eu ficava em casa sozinha, tomando meu drinque, escutando uma musiquinha. Melhor do que vir pra cá.

Como ela podia "detestar" alguma coisa, uma vez que a vida lhe foi generosa, presenteando-a com a beleza? Estranhei. Mas Sônia falava "detestar" com um sorriso no rosto que a deixava ainda mais irresistível. Sônia já nasceu com um sorriso pronto, de dentes perfeitos, formato anatômico. Sorriso que encobria muitas coisas e do qual ela sabia tirar proveito. Usava-o escancaradamente o tempo todo, com todo mundo. Uma moeda de troca. Um sorriso enigmático, que de onde eu estava não dava para saber se ela ria de mim ou comigo. Pouco me importava, eu sorria para ela. Minha Monalisa.

— Me disseram que este ano nem o Zeca vem. Também, depois do que fizeram com o carro dele no ano passado. Um horror. Um prejuízo. O Zeca deve ter gastado uma grana preta fazendo lanternagem. Pintura de carro é uma fortuna, ainda mais de carro importado. Até hoje eu me pergunto: quem fez aquilo? E por quê? Só a família em casa. Mas nessa tua família aí tem muita gente invejosa.

Sônia apertou os olhos, balançou a cabeça apontando para a sala de jantar, segredou ao meu ouvido e me fez a pessoa mais importante do mundo:

— Tem sim. Eu sei. Sempre soube. Tomei um banho de sal grosso antes de vir pra cá. Tô cheirando a sal grosso? — Cheirou o braço e o ofereceu a mim, preocupada com o sal. Eu, palavra de honra, só senti o aroma de seu perfume. — Não quero olho grande pra cima de mim.

Ela me confidenciou como se fôssemos amigas íntimas. Fui aos céus. Nem desconfiava que logo despencaria lá de cima, sem para-quedas.

— Fazer aquilo com o Zeca! Um cara tão bacana. Uma pena ele não vir passar o Natal com a gente. Mas sabe de uma coisa? Ele é que está certo. O Natal aqui tá mais pra enterro do que pra outra coisa.

Pousou o dry martíni na mesinha, bem na altura dos meus olhos. Fiquei observando-a através da taça. De vez em quando desviava da azeitona espetada no palito, que atrapalhava minha visão. Sônia apontou novamente na direção da sala de jantar.

— Essa tua família aí só sabe beber, comer e falar alto. Um bando de gente sem educação. Sem classe.

Jogou a cabeça para trás rindo, sua marca registrada. Na volta, ajeitou os cabelos ondulados, cruzou as pernas para o outro lado graciosamente e arregalou os olhos grandes na direção da árvore de Natal, cujas luzes continuavam piscando, sem tomar conhecimento de nada.

— Ai, meu Deus. E esses presentes? Mixurucas!

Eu não sabia ao certo o que ela queria dizer com "mixuruca", aliás, nem conhecia aquela palavra. Mas não devia ser boa coisa, porque ela fazia uma careta de nojo e desprezo cada vez que a pronunciava. Só sei que Sônia chamava de "mixurucas" os pacotes modestos que estavam em volta da árvore. Não eram presentes de grife, com certeza, mas estavam todos embalados com laços de fita, em caixas dignas e cheios de boas intenções. Continuou analisando tudo ao seu redor, com o olhar de quem procura poeira em cima dos móveis depois de uma faxina. Voltou-se para mim, divertindo-se à minha custa.

— Olha essa tua boneca. Mixuruca!

Ela riu da pequena. Obedecendo meu instinto maternal, puxei minha boneca de encontro ao peito, com a intenção de protegê-la de desaforos e preservá-la de futuros complexos.

— Só presente mixuruca! Parece que foram todos comprados nas Casas Pernambucanas!

Sônia explodiu numa gargalhada sarcástica, ácida e debochada. Seu humor ferino me deixou atordoada. Bum! Despenquei lá de cima. Do estado de graça diretamente para o estado de choque. Sem para-quedas. Não acreditei no que ouvi. Ela estava falando mal da minha família, dos presentes de Natal da minha família, desdenhando da minha boneca — minha adorada boneca de pano —, e fazia tudo isso rindo, na maior cara de pau. Não, aquilo não estava acontecendo. Minha vontade era sair dali correndo e abrir o berreiro. Estava magoada. Pensei em dizer: "Sônia, por favor, não fale mais nada, deixa como está, vai ser melhor. Pra nós duas."

Mas eu não disse. Ou melhor, não disse, propriamente, com minha voz. Mas pedi, implorei, com todas as letras que alguém pode não dizer. Lancei mão de todos os recursos que eu conhecia: esfreguei as mãos, ansiosa, arqueei as sobrancelhas suplicantes, mordi os lábios aflitos, dilatei as pupilas em desespero. Meu pedido estava cifrado nos intervalos entre cada palavra não dita e no silêncio da minha alma de criança. Desconfio que a beleza de Sônia a impedisse de perceber que a voz não está necessariamente apenas na fala, e a condenasse a só ouvir, somente, o que se fala, aprisionando-a à obviedade das palavras ditas. Ela nunca me escutaria.

— E todo ano eu ganho a mesma coisa. Todo ano! Quando a minha sogra... Tua avó... — O dedo indicador de Sônia veio tão certeiro e irônico que me senti culpada pelo parentesco. — Quando a "tua avó" vem com aquele "embrulhinho" dizendo "Sônia, não repara, é só uma lembrancinha", eu já sei que vem mais um... pano de prato! O que é que ela pensa, hein?! Que meu hobby é ficar secando louça?! Só de sacanagem, todo ano, eu dou a mesma coisa pra ela também: sabonete! Será que tua avó ainda não entendeu o recado, não? Pano de prato. Nem abro mais o embrulho. Passo adiante. Embrulhadinho! Dou direto pra minha empregada juntar e repito o mesmo texto: "Não repara não, Edineia, é só uma lembrancinha." Edineia adora. Eu não suporto!

Sônia imitou minha avó falando. Riu da minha avó falando. Quase que eu disse: "Minha avó falando não é tão ridícula assim." Sônia ridicularizou e debochou da minha avó de um jeito que, sei lá, me deu um aperto no coração. Minha avó era uma das pessoas que eu mais amava no mundo. É verdade que, todo ano, ela dava a mesma "lembrancinha" para Sônia. Mas não era a mesma "lembrancinha" só para a Sônia. Era pano de prato para todas as mulheres da família. Todo ano. E para os homens, todo ano, lenço de bolso. Não era nada pessoal. Realmente vovó não era muito criativa. Mas queria agradar. Família grande. A solução foi padronizar. Era mais prático, mais em conta e evitava ciumeiras. Isso sem falar que a "lembrancinha" não era um pano de prato qualquer. Era um pano de prato que ela mesma bordava, com suas próprias mãos. Começava cedo. Já em setembro estava às voltas com agulhas e linhas. Caprichosa, a cada ano vovó inventava um motivo diferente. Teve o ano dos bichinhos, o ano das florzinhas, das iniciais do nome de cada um, da frase "Feliz Natal", da frase "Feliz Ano-novo". Aposto que a Sônia não acompanhou essa evolução temática. Como ela mesma disse, nem abria mais o embrulho. Pensei na Edineia, a empregada, que todo ano ganhava as "lembrancinhas embrulhadinhas". Será que ela gostava dos bordados de minha avó? Enquanto eu divagava ainda em estado de choque, Sônia continuou apontando sua metralhadora giratória.

— Não suporto passar o Natal aqui. Fico deprimida. Ouve só. A Aninha tocando a mesma música. Há anos! Não aguento mais! Como toca mal. Alguém devia dizer pra ela: "Aninha, meu amor, desiste! Esse negócio de piano não é pra você. Tenta um outro instrumento. Um pandeiro, uma cuíca, um tamborim..." Sei lá!

E explodiu, dessa vez numa gargalhada tão intensa que chegou a lhe faltar o ar. Teve espasmos de tanto rir. Cada vez que tentava se controlar e voltar ao normal, lembrava de mais algum instrumento inusitado para sugerir para a pobre da Aninha, e aí sucumbia novamente às risadas até perder o fôlego.

— Um agogô! Um reco-reco!!

Sônia ficou um bom tempo morrendo de rir. Só conseguiu se acalmar depois de enumerar todos os instrumentos dos quais se lembrava. Quando acabou seu estoque musical, encontrou um pouco de paz. Tomou outro gole de dry martíni.

— Ah, não. Se eu pudesse escolher, eu não vinha! Se eu pudesse escolher... Se eu pudesse escolher, eu não faria tanta coisa na minha vida...

Fez uma pausa. Virou-se para mim. Perguntou para si.

— Eu fico pensando. Eu teria me casado com o Orlando? Teria tido um filho com ele? — Estalou a boca negativamente para logo emendar. — Com certeza escolheria outro emprego. Filho é bom. Mas é ruim. — Riu frívola, acentuando os dois lados da maternidade com a cabeça.

— Muita responsabilidade.

Fez uma pausa não programada. Uma lembrança qualquer invadiu seus pensamentos, sugando-a para uma página da sua vida que não costumava visitar com frequência. Sônia olhou, sem querer, para ontem. E deixou escapar sem drama e sem nenhuma emoção, através de um sorriso meio sem graça para quem, afinal, já tinha demonstrado tanto senso de humor:

— Fiz dois abortos antes do Pedro. Dois. Só não fiz o terceiro porque o médico falou que era muito arriscado.

O momento reflexivo durou pouco. Despertou do passado ainda mais superficial e afetada do que nunca. Falou como se estivesse apertando as bochechas do menino.

— Mas eu amo meu filho, lógico! O Pedro é tudo pra mim. Mas abri mão de muita coisa por causa dele. Muita coisa.

Fui encurralada por um olhar fulminante. Não tive alternativa senão respirar, tapar o nariz e mergulhar naqueles olhos imensos. Para minha surpresa, achei lá no fundo muita coisa. Roupas e sapatos que Sônia nunca comprou, jantares em restaurantes finos que nunca frequentou, viagens internacionais que nunca fez, e até mesmo amor por um filho que ela nunca quis. Sônia ia e vinha dos assuntos, sem saber de que lado estava, sem saber sua própria opinião. Nadava num mar de contradições, frustrações e riscos sem razão.

— Filho é caro. Criança é caro.

Olhou-me de novo, de cima a baixo, fazendo contas de somar. Encolhi-me tentando ser econômica até no espaço que eu ocupava. Não queria incomodá-la.

— Outro dia saiu uma reportagem numa revista calculando quanto custa um filho. Do parto até... a faculdade. Uma fortuna! Eu não tinha ideia. Você não tem ideia, não. Coisa de milhões! Fiquei deprimida só de pensar na grana que eu já gastei. Dava pra fazer tanta coisa com esse dinheiro. Tanta coisa que...

"Que..." Sônia ficou com a boca aberta, esperando o resto da frase sair. O resto da frase não veio. Ela então olhou sem querer para ontem, de novo. Continuou com a boca aberta como se fosse dizer algo. Chegou até a balbuciar alguma coisa ininteligível, mas se arrependeu no meio do caminho do que não falou e preferiu nem ouvir o que tinha ainda a dizer. Desistiu. Tentou consertar o constrangimento pegando um atalho diferente. Tomou mais um gole de dry martíni e mudou o rumo da conversa.

— O Orlando diz que o Zeca é apaixonado por mim. Que ideia! O Orlando tem umas ideias!

Ela fez uma pausa incoerente que combinava com a sua vida. De repente, meio diabólica, meio traquina, riu daquele jeito jogando a cabeça para trás, denunciando sua personalidade inconstante.

— Antes fosse! Antes fosse apaixonado por mim que eu largava tudo e ia viver no bem-bom. Ah, ia! Fazer compras nas melhores lojas, viajar para fora do país. O Zeca tá cheio da grana. Os negócios dele vão muito bem. Sabe ganhar dinheiro.

E, muito séria, virou-se num tom professoral, querendo que eu guardasse um ensinamento precioso que iria me passar. Entendi que o legado era importante e arregalei os olhos demonstrando toda a minha atenção. Quem sabe Sônia não se redimiria dizendo-me coisas bonitas, mostrando a grandeza do mundo... Olhei-a suplicante. Ela começou solene:

— Homem, meu amor, tem que ser rico! O resto é besteira. O resto é romantismo idiota, coisa de adolescente. Hoje em dia eu só me apaixono por conta bancária, só tenho tesão por talão de cheques e só sou romântica com um cartão de crédito!

E explodiu em outra gargalhada, levando embora minhas últimas esperanças. Sônia era mesmo um furacão. Uma mulher bomba. *Strike*! Conseguiu destruir de uma vez só todas as fantasias. Um estrago sem precedentes na minha vida. Demorei anos até reconstruir o que foi perdido. Mas não posso negar que me ensinou muito.

— O Zeca?

Ela respondeu com uma interrogação a uma pergunta que nunca lhe fiz. Com Sônia aprendi que as pessoas fazem perguntas a si mesmas, com o pretexto de escutarem o que querem e dizer o que bem entendem.

— Bom, o Zeca... O Zeca comigo sempre foi muito gentil, educado, atencioso, nada mais do que isso. Ele nunca. Não. Nunca!

Ela estancou. Estava cara a cara comigo. Estremeci com a pausa inesperada, achei que ela queria que eu dissesse algo. Eu não disse, não tinha nada a dizer. Sônia não perdeu tempo. Sem notar a ausência da minha voz, me contou sem rodeios o que havia feito.

— Eu bem que tentei! Tentei! Foi no Natal do ano passado, eu tinha bebido um pouquinho além da conta... — Puxou pela memória apertando os olhos, apontando, com o braço esticado no ar, na direção que dava para o quintal da casa. — O Orlando tinha saído da casa. Deve ter ido fumar um cigarro! Quanto tempo dura um cigarro? Cinco minutos? Olhei pro Zeca e pensei. Vai ser hoje! Tomei coragem...

Depois de beber mais um gole para tomar coragem, Sônia pousou o dry martíni na mesinha. Levantou-se altiva, tonta e bela. Uma mão na cintura atrevida e a outra livre para o Zeca. Na minha cabeça ainda ecoavam as perguntas: "Quanto tempo dura um cigarro? Cinco minutos?"

Sônia olhou por cima de tudo e avistou seu alvo. Confiante, mirou e partiu para o ataque com todas as suas armas. Deu o bote. Como num passo de dança, ela rodopiou na pequena saleta, levando nos braços sua presa imaginária. O Zeca.

— Ele tava passando pelo corredor. Eu puxei ele pra dentro do quarto, tranquei a porta e dei um beijo nele. Mas um beijo! Sabe o que ele fez?

Na esperança de que pudesse mudar seu destino, fez suspense. Quem sabe não poderia alterar o momento em que a sorte lhe escapou entre os lábios. Quando contamos algo para alguém, ressuscitamos o passado, tornando-o vivo de novo. É nesse tempo híbrido, entre o que foi e o que está sendo narrado, que temos a ilusão da realidade. De podermos mudar o rumo dos acontecimentos de acordo com a nossa vontade. Contar, relatar, falar, descrever são maneiras de reviver. Reviver para quem fala. Viver para quem escuta pela primeira vez. Às vezes, um fato escutado é mais interessante e mais palpável do que o ocorrido. O bom narrador faz toda a diferença. Tem o poder de melhorar a vida. O bom ouvinte toma do narrador as palavras emprestadas e, ao passá-las adiante, cria o mundo de novo. A relação entre a fala e a escuta é uma garantia de vida eterna para as histórias.

E foi assim que Sônia visitou Zeca. Um ano depois. Com esperança. Foi assim que, ao ouvi-la, dei-lhe a chance de seduzi-lo novamente e tentar mudar seu destino. Mas é com pesar que afirmo ter visto mais uma vez, bem na minha frente, um Zeca constrangido, sem jeito, apavorado, escapar-lhe entre um não beijo.

— Sabe o que ele fez? Nada. Na-da! Ele não abriu a boca, entende? Eu tentei enfiar a minha língua entre os dentes dele e ele de boca fechada! Ficou gaguejando: "Sônia, Sônia, por favor, não faça isso, pode chegar alguém, você é uma mulher casada. Eu tenho muita consideração pelo Orlando. O Orlando é como se fosse um irmão pra mim!" E foi embora. Vermelho que nem um pimentão! Humilhação...

Sônia imitou o Zeca falando. Voz grossa, jeito de homem. Era engraçada, patética. Sônia poderia ter sido atriz. Das boas. Imitava bem, chorava bem, ria bem e conseguia esconder tudo isso, também muito bem. Mas, em vez de pisar num palco, preferiu chorar e rir de si mesma na vida. Como naquela hora. Ria por fora, cheia de dentes expostos no sorriso perfeito, e chorava por dentro, o coração amargurado, seco, sem graça, rejeitado. Mas, boa atriz que era, fingiu, por cima da tristeza, euforia.

Num delírio, Sônia agiu como se estivesse saindo do quarto na noite de 25 de dezembro de 1975. Ajeitou-se tentando manter as aparências, como se o amasso fracassado com o Zeca tivesse borrado seu batom e desgrenhado seu cabelo. Falava do marido.

— Quando eu saí do quarto... Meu Deus, quando eu saí do quarto dei de cara com o Orlando. De cara! Não sei como ele não percebeu o clima. Pelo contrário. Ele estava com uma cara ótima! Eu lembro que eu até perguntei: "Nossa, Orlando, o que deu em você? Você tá tão alegre." Ele respondeu. "É Natal!"

Ela abriu os braços imitando o redentor do meu tio. Insistiu nas risadas desdenhando do que acabara de ouvir. Ou melhor, do que ela acabara de me contar que ouvira de Orlando. Passado e presente juntos numa mesma narrativa. Passado e presente juntos garantindo o futuro, através dos meus ouvidos.

— Natal! Natal? Para mim aquilo era um funeral.

Desabou na cadeira mais velha, sem nenhum brilho, mas estava sincera. Olhei-a sentindo pena de nós duas. É verdade que continuava bela, mas sua beleza já não era cintilante. Seu sorriso estava fora do lugar. Achei tudo exagerado. O jeito de sentar, os olhos grandes demais. Tudo. Pegou o dry martíni.

— Tô tão cansada. — Bebeu para engolir o nó na garganta. — Dezembro é a época do ano que eu mais trabalho.

Às vezes tenho vontade de largar tudo e ir pra um lugar em que ninguém me conheça. Começar tudo do zero. Viajar! Sem passagem de volta. Parece até ironia, mas eu, que trabalho numa agência de viagens, nunca saí do Brasil, acredita? Conheço mal e porcamente o Sudeste e o Nordeste. Recife, Salvador e Maceió!

Riu de boca cheia, espirrando dry martíni entre os dentes. Nessa hora esqueci de tudo e sorri. Primeiro, porque era engraçada fazendo bico ao desdenhar de "Maceió". Segundo, porque senti dó daquela mulher tão infeliz.

— Quando quiser viajar é só falar comigo. Tem sempre umas promoções ótimas! Coisa de oportunidade. Eu sou a melhor vendedora de pacotes turísticos da agência! Vendo pacote pra até onde Deus duvida!

Levantou a taça fazendo um brinde ao turismo. Virou-se para mim, incisiva.

— Imagina um lugar.

Já estava com mil destinos na ponta da língua quando ela me atropelou.

— Eu vendo! Já vendi! Mas nunca saí do Brasil, acredita?

E riu. Gargalhou. De um jeito que eu nunca vou esquecer. Uma risada de fachada, oca, que já nasceu morta.

— Mas eu não conto pra ninguém. Pra ninguém. Sou capaz de falar de Nova York como se eu tivesse nascido lá. Paris? Sei o endereço das melhores lojas, melhores restaurantes! Minhas amigas dizem que tenho cara de rica. É, bem-nascida! Só a cara mesmo. Se elas soubessem...

Sônia pousou o dry martíni na mesinha e, sem motivo aparente, olhou para suas mãos como se nunca as tivesse visto. Ficou olhando... olhando... Fez uma careta. Um bico.

— Hum. Não gostei dessa cor de esmalte. — Levou as mãos juntas à frente e continuou analisando. — Me envelhece. Você não acha?

Pediu minha opinião.

— Não acha?

Insistiu. Eu não entendia muito de esmaltes, preferi não dar palpite. Antes que lhe explicasse minha ignorância, Sônia deu sua sentença.

— Eu acho! Minhas mãos parecem mais velhas com essa cor. Mais velhas que o resto do corpo.

E colocou as mãos ao lado da perna, perto das unhas dos pés — também pintadas com a mesma cor — ao lado do abdômen... Aproximou-as e afastou-as do seu campo de visão, experimentando várias comparações, até que voltou com as mãos à frente já pensando em outra coisa.

— As mãos. Uma cartomante me disse que as mãos não mentem jamais.

Com as palmas viradas para cima, esticou-as novamente na minha direção, como se eu fosse ler o seu destino.

— Minhas mãos nunca estiveram em Nova York, Paris, Londres, Milão... Cartomante vigarista! Disse que meu futuro ia ser promissor.

E cerrou os punhos, rindo. Depois abriu-os, já com o sotaque espanhol da cartomante. Falou, boa atriz que era, desdenhando do futuro que só a cartomante viu.

— Vai conseguir tudo o que quiser na vida! — Fez um barulho de desdém com a boca. — Só se for em outra vida. Vigarista!

Olhou mais uma vez para as unhas benfeitas sentindo uma raiva enorme do marido.

— O Orlando gosta dessa cor de esmalte. Será que ele gosta mesmo? Ou quer que eu pareça mais velha de propósito! Pra nenhum homem olhar pra mim. O Orlando diz que o Zeca é apaixonado por mim. Que ideia! O Orlando tem umas ideias!

E, com jeito de menina da minha idade, resmungou:

— Não devia ter mudado a cor do esmalte.

Bebeu o último gole de dry martíni como se fosse cachaça. De uma vez só. Sem nenhuma elegância.

— Tô tão cansada...

Pegou o palito com a azeitona espetada e deu duas batidinhas na taça para escorrer as últimas gotas da bebida. Comeu a azeitona mastigando-a lentamente. Triturava sua vida. Ficou segurando o palito numa das mãos sem saber o que fazer com ele. Tampouco sabia o que fazer com as lágrimas que brotavam dos seus olhos azuis-esverdeados grandes. Sônia sentiu vergonha das lágrimas e tentou escondê-las de mim. Não saberia explicar. Sônia era tudo que eu nunca imaginei de Sônia. Mas, sem dúvida, naquela hora, foi quando a vi mais parecida com ela mesma.

"As pessoas se acham o centro do Universo. Por isso escutam uma coisa quando se quer dizer outra. Não é uma simple falta de entendimento, é uma questão de compreensão Não compreendem o que o outro diz, porque só escutam o que querem e o que lhes interessa. Daí tanta confusão no mundo."

Academia de ginástica

Amadureci muito rápido. Perdi a inocência sem nunca tê-la conhecido. Não fomos sequer apresentadas. Essa consciência aguda das relações obscuras e sentimentos velados me fez uma pessoa da qual as palavras não escapam com facilidade, que o ofício assim exige. Embora agora, neste momento, esteja falando, ou melhor, escrevendo o equivalente a mais de um ano de palavras estocadas. Mas essa não sou eu. Não sou eu em atividade, exercendo meu ofício. Afinal, nunca seria abordada por ninguém que quisesse dar seu depoimento, se falasse mais que meu depoente, abusasse do volume alto, tivesse o riso solto e usasse roupas exageradas — ou se andasse em bando, turma, acompanhada. Sou discreta por natureza e genética e por certo poder de síntese. Já nasci sem alarde, falei tarde e muito a contragosto. Não que me falte o que dizer, que não tenha vocabulário suficiente ou que as palavras sejam escassas e as opiniões não se formem. Muito pelo contrário. Tenho provisão para muitas falas e pensamentos complexos. Mas não gosto de exibicionismos verborrágicos, diletantismos gratuitos e associações prolixas. Não sou chegada.

Minha postura também não é contingência da timidez. Não sou. Nunca fui tímida. Pelo contrário, sou tão comunicativa que dispenso as palavras. Não faço questão. Simples. Nasci assim, com um atalho configurado. Estabeleço laços tão rapidamente que viro confidente de estranhos por meio de minúsculas sutilezas — imperceptíveis a olho nu para os mais avoados, míopes e marombeiros, mas, ao aproximar a lupa, vê-se que nada é gratuito ou a troco de nada. Deixo as pessoas tão à vontade, mas tão à vontade, que elas se esquecem da minha presença. Essa nulidade consciente e buscada me coloca em posição privilegiada. Estar e não estar. Viver aquele momento e assistir a ele bem acomodada como a uma première cinematográfica. Permite-me um olhar pontual, focado, participativo — aliado a uma visão panorâmica com grande angular.

Por esses e outros tantos motivos, não me importaria de caminhar por aí sem voz. Note bem, sem voz de timbre e som, porque personalidade, atitude e ponderações tenho de sobra, e são cultivadas com esmero, como já deixei bem claro, aliás. Sou, por opção, toda ouvidos, como se diz popularmente. E olhos também, que um olhar de permissão e de "fique à vontade" cai muito bem nessas ocasiões. Nas ocasiões dos encontros, quero dizer. Inspira confiança e credibilidade. Duas qualidades fundamentais.

A experiência adquirida ao longo dos anos me deu certo traquejo para lidar com as mais diversas situações, ocasiões e personalidades. É claro que ainda hoje sou surpreendida. Se não, que graça teria? Também credito à sorte o êxito no meu ramo. E ao suor, porque sou esforçada. Dediquei grande parte do meu tempo analisando e interpretando padrões e variantes de comportamento e cheguei a algumas conclusões absolutamente pessoais e, note bem, sem nenhum valor acadêmico ou científico, mas que muito me serviram e servem para entender essa arte.

Hoje, quando sou abordada e solicitada, geralmente sei o que fazer e como agir. Tenho meus truques guardados na manga, malandragens adquiridas no dia a dia e certa malícia que precipita acontecimentos e me faz pular algumas etapas e cerimoniais desnecessários.

Mas nem sempre foi assim. A princípio eu ficava confusa, não entendia por que as pessoas se aproximavam de mim sem ter um interesse. Mais tarde percebi que não era a mim que elas procuravam quando me procuravam. É confuso mesmo. Mas vou tentar esclarecer o que agora já entendo. Sabe quando você está apaixonado por uma pessoa? Na verdade, você não está apaixonado pela pessoa, mas sim pelo que a pessoa por quem você está apaixonado faz de você. Bom, resumindo: é como se as pessoas não fossem conversar comigo, mas com elas mesmas refletidas em mim. Acham-me para encontrarem-se.

Sou uma testemunha quase invisível de um acerto de contas. Falam para mim o que elas precisam ouvir de suas próprias vozes. Vozes interiores. Alguns chamam de demônios. Demônios interiores. Prefiro dizer que eu sou um espelho. De vozes ou de demônios, pouco importa.

Perdi a conta das histórias, as mais rocambolescas, que ouvi nesta vida. Íntimas, emocionadas, engraçadas, misteriosas... De conhecido, desconhecido, amigo, inimigo... Por isso mesmo jamais alimentei ilusões em relação ao ser humano. Amo essa raça da forma mais autêntica e em seus momentos mais verdadeiros. Amo-os nas quedas, nas falhas, nas fraquezas, quando os seres são mais humanos e belos. E, principalmente, amo quem se propõe a dividir comigo intimidades nos lugares mais inusitados e insanos. Já ouvi o relato de uma briga com o marido numa fila de supermercado, queixas da sogra em pé no ônibus e as peripécias do amante numa academia de ginástica.

    O despertador tocou às sete horas da manhã. O melhor do sono. Estava naquele estágio entre a consciência e a desistência. Desisti das sete e acertei para as 7:30h, depois para as oito horas. Quando o despertador tocou pela terceira vez, pensei: "Ih, tarde. Agora só amanhã. Amanhã eu vou."

    No dia seguinte perdi a hora novamente. Nunca pensei que fosse tão difícil. Eu, que sou disciplinada, não estava me reconhecendo. Já havia adiado não sei quantas vezes a matrícula, marcado e remarcado o tal do exame médico, e dois dias antes tinha tido uma reação alérgica, indo para a avaliação física. Mês passado tinha ido duas vezes até a porta. A primeira vez eu nem consegui tocar o interfone. Não consegui, simplesmente. Lembro que cheguei a esticar o braço, mas uma câimbra repentina me impediu de completar o movimento. Bom, se o simples ato de esticar um braço tinha me dado câimbras, imagina todo o resto? Achei que não era um bom dia para começos. Voltei para casa.

    Na segunda vez, consegui sair da cama no horário. Quer dizer... no segundo horário. Saí da cama quando o despertador tocou, de novo, às 7:30h. Um pequeno atraso de trinta minutos, o que considerei um grande avanço. Aprontei-me rápido e fui. Cheguei até a porta da academia, testei o braço, braço o.k., graças. Quando eu fui tocar o interfone, olhei para o chão e vi que o cadarço do tênis estava desamarrado. Tive um mau presságio. Como acredito em chamados e sinais, nem discuti. Voltei para casa. Impressionada. Troquei de roupa e fui para o trabalho.

Na terceira vez o despertador tocou às sete horas. Da manhã. Como previsto. Gosto de malhar de manhã, quer dizer, achava que iria gostar. Achava que, se eu acordasse bem cedo e fosse malhar, não teria tempo de me arrepender. O cérebro não processa informações às sete horas da manhã, que dirá arrependimentos. Às 7:15h já estava de pé, arrumada, indo em direção ao calvário. Minha melhor marca. Cheguei. Às 7:45h, estava na porta da academia impressionada comigo mesma. Que disposição. Toquei o interfone. Toquei o interfone. Nada. Campainha. Nada. Olhei através da porta de vidro. Nada. Um sossego. Estranho, sempre que passava por ali tinha tanto movimento. Tanta gente entrando, saindo, suando. Toquei mais uma vez. Campainha e interfone juntos. De repente, um estalo. Ruas vazias. Comércio fechado. Que dia era aquele. Abri a agenda. Dez de abril. Estava lá, escrito em letras garrafais. "Começar a malhar", ao lado, em letras bem menores, duas palavras me chamaram a atenção. Eu tinha me programado, há três meses, para começar a malhar naquele dia e não percebi que 10 de abril era uma Sexta-feira Santa! Voltei para casa arrasada e passei o resto do dia, o Sábado de Aleluia e o Domingo de Páscoa me afundando em ovos e bombons.

Depois do trauma da Semana Santa, passaram-se quase trinta dias até que eu decidisse voltar à academia para, finalmente, desafiar o destino sedentário ao qual eu estava condenada à minha revelia. Não posso dizer que tenha me arrependido por tal atitude e insistência, muito pelo contrário. Digo que minha estreia na academia de ginástica foi, no mínimo, "marcante". É, acho que essa é a palavra apropriada. Marcante.

Segunda-feira do mês seguinte. Sete de maio. Sete e meia da manhã. Cheguei à recepção e me encaminharam para uma salinha onde um professor me aguardava. Fui submetida a uma avaliação física que avaliou que eu estava fora de forma. Que novidade. Pois se eu tinha me matriculado na academia para entrar em forma. O professor "Boa Forma", que me avaliou fisicamente, fez uma ficha completa com meus dados e me passou uma série de exercícios físicos. Já na sala de musculação, o professor "Boa Forma" acompanhava o meu desempenho proferindo palavras de incentivo. Depois de muito sofrimento, completei a primeira das três séries que eu deveria ter feito. Só eu sei o duro que dei para completá-la. O professor "Boa Forma", não satisfeito com meu rendimento, exigiu mais. Mandou-me de volta ao primeiro aparelho, para começar tudo de novo. Na terceira repetição do primeiro exercício da segunda série, tudo a minha volta, inclusive o professor "Boa Forma", começou a rodar. E, antes que eu desse um vexame e caísse dura ali mesmo, joguei a toalha. Fim do meu primeiro dia de academia de ginástica, pelo menos era o que eu achava.

Entrei no vestiário e me estatelei no banco. Suada. Ofegante. Fechei os olhos para tentar me recompor. Peguei minha garrafinha de água e tomei mais um gole. A descarga foi apertada no último banheiro. Logo depois, a porta abriu e uma mulher de uns trinta e poucos anos mais uns quebrados saiu. Ela devia ter acabado de tomar banho, os cabelos ainda pingando. Calçava sandálias de borracha, tinha uma bolsa de ginástica preta de bolinhas brancas pendurada no braço e a saia do vestido vermelho presa no queixo. Saiu do banheiro tirando a calcinha do lugar indesejado. Dirigiu-se ao banco, onde eu estava estatelada, pousou a bolsa de bolinhas ali e ficou se olhando no espelho.

Olhou-se de frente, de perfil, examinou os músculos do braço, exibiu as pernas torneadas, a calcinha enfiada, a lordose acentuada e um pedaço do abdômen sarado. Fez-se vitrine. Meu olhar, a princípio involuntário e envergonhado, foi encorajado por ela. Deixou a saia cair. Ajeitou o vestido vermelho.

— Malha sempre nesse horário? Nunca te vi por aqui. Eu não falto um dia.

Ela não me olhou. Não me cumprimentou. Falava com o espelho.

— Todo dia faço três séries de cada exercício. Em média, são 11 exercícios por dia. Seis aparelhos de perna e cinco de braço. Exercícios de perna, são 15 repetições. De braço, 12 repetições. Faz as contas: 180 repetições de braço e 270 de perna. Quatrocentos e cinquenta repetições. Fora abdominal e glúteo, que não faço em aparelho. Só de abdominal tem infra, supra e de ladinho. Umas 180 repetições. De glúteo tem que multiplicar por dois. Dois glúteos. Um de cada lado. Mais 120. O que dá um total de 750 repetições por dia. Multiplica por seis. Seis dias, que eu malho até sábado, são 4.508 repetições por semana. Já decorei. É uma boa média. Pra gente ficar em forma.

Falava rápido, com energia, gesticulando com as mãos expressivas. Imaginei que ainda devia estar sob o efeito do ritmo da ginástica e da música bate-estaca que ali do vestiário dava para ouvir.

— Você acha que eu estou em forma? Puxei muito ferro hoje, gata.

"Gata" e "puxar ferro" eram expressões típicas do dialeto local. Descobri que "gata" é toda e qualquer mulher, independentemente da idade ou dos atributos físicos. Todo mundo é "gata" numa academia de ginástica. Inclusive eu, totalmente fora de forma. "Puxar ferro" significa pegar peso fazendo exercícios nos aparelhos de musculação. Eu ainda não sabia, mas também tinha "puxado ferro" naquela manhã. Aos poucos fui me familiarizando com as expressões; já disse que coleciono expressões? Acho que não. Meu dicionário é vasto e eclético, gosto de misturar estilos. Juntar numa mesma frase palavras da chamada língua culta com outras da linguagem "chula". Dá um caldo, uma combinação estranha, um tempero natural e esquisito. Mas admito, é difícil acompanhar todas as novidades que surgem aos borbotões. Dá-lhe criatividade. A cada dia nascem palavras novas de paternidade desconhecida, surgem gírias engraçadas, expressões antigas ganham significados novos. Eu adoro. Adoro descobrir e me apropriar da fala que vem das ruas, que pega onda na praia, sobe os morros, frequenta um clube, escola. Gosto de conhecer a linguagem dos guetos, das turmas e tribos. Já presenciei o nascimento de muita palavra fresquinha que rompeu a cerca do seu quintal, foi ganhando popularidade, conquistou adeptos, ficou famosa e foi parar na boca, ou melhor, nos ouvidos do povo. Tudo isso eu já vi e ouvi. A língua — a portuguesa — é ágil, maleável, criativa, sonora e bem-humorada. Acho que é o único modismo que gosto e aprecio. O modismo da fala.

Sem consultá-la, elegi minha companheira de vestiário a anfitriã do cardápio e do dicionário daquele admirável mundo novo. Ela, alheia ao pleito, continuava hipnotizada pelo próprio reflexo. Puxava o vestido vermelho daqui, esticava acolá. Tinha um ótimo caimento, o vestido. Valorizava suas curvas malhadas. Era feito de um tecido molinho, tipo uma segunda pele, que reverberava quando ela fazia um movimento. Ela virou-se de costas e o vestido foi atrás. Os olhos ficaram grudados no espelho, conferindo a sua "preferência nacional". Analisou com frieza a situação da retaguarda. Virou um pouquinho para a esquerda, depois para a direita, sem perder o foco. Sacudiu. Bateu. Apertou. Gostou do que viu e sentiu. Reconheceu ali o resultado de tanto esforço, de segunda a sábado, sem descanso. A cabeça satisfeita juntou-se ao resto do corpo sarado, que, por sua vez, foi na direção da bolsa de bolinhas. Abriu-a. Tirou de dentro uma toalha, para secar o excesso de água que escorria dos cabelos escuros. Ela inclinou a cabeça para a frente e jogou as ondas escuras para um lado e para o outro, batendo a toalha felpuda. Bateu. Esfregou. Secou. Falou, ali debaixo, num volume mais alto para compensar a voz abafada pelo pano.

— Ninguém diz a idade que eu tenho.

Parou com a toalha e pousou-a no banco. Esticou o tronco tentando alongá-lo, passou a mão no abdômen querendo encolhê-lo.

— Ainda preciso perder três quilos pra chegar ao meu peso de solteira. Eu era magrinha quando era solteira.

Olhava-se no espelho e conversava comigo através dele. Aliás, não conversava comigo, mas com minha imagem refletida, mesmo eu estando ao seu lado. Fui me acostumando a essa fala enviesada, a esse olhar atravessado, esse escutar a ilusão. É claro que prefiro escutar em tempo real, alguém concreto. Sem atravessadores. Escutar sem olhar nos olhos é como fazem os cegos.

— Você é casada?

Só tive tempo de começar a esboçar a primeira palavra: "Eu..."

— Eu sou! — ela disse.

— Doze anos. Com a mesma pessoa. Tempo pra chuchu. Mas eu sou uma mulher de sorte, sou apaixonada pelo meu marido, o Murilo.

Pegou um pente, fez um risco do lado esquerdo, dividindo as madeixas onduladas.

— Mas de vez em quando a gente tem que dar uma respirada... Tomar um ar fresco... Sou movida a paixão. E uma mulher movida a paixão é capaz de muitas coisas. Entende o que eu quero dizer?

Suspirou... rodeou... fez charme... Até que, rápida, apertou o gatilho.

— Sou casada há 12 anos e tenho um caso há seis.

Olhou-me esperando alguma reação. Não sou alvo fácil. Fiz cara de paisagem rupestre, deixando que ela me interpretasse como bem quisesse. Ela sentiu-se à vontade para prosseguir.

— Não gosto da palavra amante. Tenho um caso. Pra dar uma respirada. Faz bem pro casamento, faz bem pra pele...

E, falando em pele, a mulher tirou da bolsa um creme hidratante cheiroso que começou a passar no corpo. Primeiro nas pernas, depois nos braços e no pescoço. Tomou um segundo banho. De hidratante cheiroso. O vestiário ficou todo com o seu cheiro.

— Ninguém diz a idade que eu tenho. O meu caso não sabe. O Murilo sabe porque idade não dá pra esconder de marido, né? Mas pro outro não conto. Nem morta! Quando eu vou encontrar com ele, a gente se encontra uma vez por semana no mesmo motel há seis anos, ele nem paga mais o período, paga o mês todo! O pessoal lá do Apache, Apache é o nome do motel que a gente frequenta, o pessoal do Apache já sabe de tudo que a gente gosta, deixa os lençóis do jeito que a gente gosta, pessoal muito bacana do Apache, se você quiser, eu te dou o endereço, esse eu recomendo, discrição total, pessoal bacana mesmo.

Já disse que ela falava rápido? Disse. Mas não custa enfatizar. Sua capacidade de articulação de sílabas por minuto era admirável. Que dicção! Ela emendava uma frase na outra e mais outra. Era do tipo que não respeitava pontos ou vírgulas. Enquanto eu olhava para sua boca compulsiva, só me fazia uma pergunta. Quando ela vai respirar? O ar já acabando, ela ficando roxa, e a mulher esticava uma palavra e mais outra, no sufoco, testando seu limite. Aí fazia uma pausa forçada, fora de hora, para pegar fôlego e pedal e não perder o gancho da próxima frase. Esse mix, rapidez acelerada + tempos implausíveis de pausa, lhe conferia uma graça involuntária, uma simpatia natural. Um frescor sem culpas.

Ela quebrou a quarta parede que nos separava e, pela primeira vez, esqueceu do espelho e virou-se para mim, oferecendo o hidratante. Diante de tamanha gentileza, achei que devia aceitar. Peguei o frasco e, cerimoniosa, passei um pouquinho de creme nas mãos.

— Mas o que eu estava dizendo? Ah, sim! É que quando eu vou encontrar com esse meu caso eu nem levo identidade, CPF, documento nenhum, que é pra ele não descobrir minha data de nascimento. Ele acha engraçado. Mas não conto mesmo. Seis anos de mistério. Eu não sou boba de dizer que eu sou quatro anos mais velha que ele, quatro anos! Mas ninguém diz a minha idade, quantos anos você acha que eu tenho?

Notei que ela gostava de contas e tinha fixação por números. Tudo partia deles e acabava neles. Tudo era mensurável, passível de somas, subtrações. Era um mundo em que ou se devia, ou se pagava, ou se fazia mais três séries de abdominais. Ela repetiu a pergunta com dois tapinhas no meu braço. Sabe aquelas pessoas que falam pegando nos outros? Minha colega de ginástica necessitava de contato.

— Quantos anos você acha que eu tenho?

Não sei se por medo de eu arriscar um palpite e acertar, ela não me deu chance. Pulou na frente antes.

— Quando eu o conheci e a gente começou a frequentar o Apache, nós só íamos na suíte presidencial Master. Eles chamam de Suíte do Cacique. É tipo um "xis tudo" das suítes de motel. Tem hidro, sauna, piscina, pista de dança, colchão d'água e até touro mecânico! — E fez um movimento "característico" com os quadris, acentuando toda a malícia do touro mecânico. — Ele pedia um champanhe e ficávamos uma tarde inteira, às vezes até de noite. Era o paraíso.

Depois de tanto beber água para repor o esforço da malhação, eu estava digamos... "apertada". Ela continuava à vontade, no Apache.

— Depois de um ano passamos pra suíte Executiva. Não tinha mais piscina, pista de dança, colchão d'água, muito menos o touro mecânico. Mas tinha hidro e sauna. Ele pedia um vinhozinho nacional pra gente relaxar... Era gostoso.

É, realmente não dava mais. Tinha que ir. O dever me chamava. Mas não queria deixá-la falando sozinha. Queria que ela soubesse que eu continuaria a ouvi-la de onde estivesse sem perder o fio da meada. Fui. Ela não se apertou.

— Depois de três anos passamos pra suíte Standard: quarto com banheiro, hidro e uma cervejinha gelada. Simpático.

Nunca poderia imaginar que ela me acompanharia até ali. Pois acompanhou. Ficou em pé, encostada na porta.

Do lado de fora, é bom esclarecer. Enquanto eu fazia o que tinha que ser feito.

— Hoje em dia a gente só vai na Oca. Pelo nome dá pra imaginar como é. O quarto só tem banheiro e TV. Ele gosta muito de TV, não abre mão. E, de vez em quando, pra quebrar um pouco a rotina, eu levo uma vodca na bolsa. Nem frigobar a porra da Oca tem!

O banheiro tinha aquelas portas curtas, nanicas, em que aparecem as pernas até a altura dos joelhos e a cabeça fica de fora. Portanto, não perdemos em nenhum momento o contato que ela tanto apreciava.

— Ontem, ele veio com um papo estranho. Pra gente se encontrar de quinze em quinze dias. Duas vezes por mês. Contenção de despesas. Diz que a escola do filho tá muito cara. É foda, né! Seis anos pra ouvir isso? Onde é que fica o romantismo? Quem ele pensa que é? Se eu quisesse eu botava ele na justiça. Seis anos de caso já tenho direito a pensão, não é, não?

Eu não estava com sorte. Coloquei a cabeça para fora, aflita, olhando ao redor. Ela, sem pestanejar, entendeu tudo, e tomou a iniciativa. Descoladérrima, pegou a quantidade de papel que lhe parecia suficiente, aliás, muito mais do que eu precisava, e enfiou, sem cerimônia, o braço por cima da porta nanica para eu pegar.

— Será que ele descobriu minha idade? Só falta ele me pedir pra rachar a conta da Oca com ele.

Saí aliviada, agradecida, e sem jeito. Fui lavar as mãos e o rosto suado. A sombra atrás. Encostou-se na bancada da pia, onde tinha outro espelho. Ali, examinou o rosto bem de perto, espremeu uma espinha, um cravo. Mesmo futucando a pele, continuou falando. Atrás dela, o recipiente do sabão líquido, calado.

— Tenho três filhos. Não parece, não é?

Colocou-me contra a parede com um sorriso. Tentei ser gentil e fiz cara de "Não..."

— Mas tenho!

A mulher fez questão de me assegurar, embora eu não estivesse duvidando de sua palavra.

— Um mais lindo que o outro. Uns amores! Mas brigam! Quatro homens em casa. Muito homem junto. Sou apaixonada por todos eles.

Tentei alcançar meu alvo. Fui para a direita, ela foi também. Tentei a esquerda, ela brecou. Até que, sem alternativa, forcei a barra e abri caminho até o recipiente do sabão líquido, escondido atrás dela.

— Dá licen...

— Meu casamento? Bom, todo casamento tem lá os seus problemas. Não vou negar que já pensei algumas vezes em me separar. Várias vezes, aliás. Olha, pra ser sincera, todos os dias eu penso em me separar. Quer dizer, pensava.

"Dá licença" era o que eu ia dizer. Ela achou que eu perguntava qualquer coisa sobre ela. Todos acham. As pessoas se *acham* o centro do Universo. Por isso escutam uma coisa quando se quer dizer outra. Não é uma simples falta de entendimento, é uma questão de compreensão. Não compreendem o que o outro diz, porque só escutam o que querem e o que lhes interessa. Daí tanta confusão no mundo.

Ela continuou falando de si. Eu, já com o sabão líquido escorrendo entre os dedos, abri a torneira. Um pouco de água. Fiz espuma. Muita espuma. Passei nas mãos, no rosto. Acho que exagerei na espuma porque não conseguia enxergar um palmo à minha frente. Ela foi prestativa, não posso deixar de reconhecer, pegou minha mão e me indicou o caminho da água.

— Hoje em dia eu sou completamente apaixonada pelo Murilo. Mas isso eu só descobri há um ano. Foi no dia que eu tinha decidido ir embora. Ia morar lá no Apache.

"Prrummm!" Esse barulho fui eu. Não consegui segurar o riso. Era difícil aquilo acontecer comigo, geralmente sou controlada, mas não resisti. Cuspi o resto de espuma que tinha na frente da boca, fazendo bolhas de sabão. Achei engraçada aquela situação toda. Acabei de enxaguar o rosto, peguei umas três folhas de papel toalha e fui sentar no banco para me secar com calma. Ela, ao meu lado em tudo. Solidária. À sua causa.

— Naquele dia eu estava arrumando minhas coisas, tinha colocado até uma música que toca muito aqui na academia e que me dá o maior pique.

Num raro momento, minha companheira fez uma pausa e pude ouvir, ao fundo, a música bate-estaca genérica, que é a trilha sonora de dez entre dez academias de ginástica. *tchum tchum tchum tchum...*

— Enquanto eu estava fazendo as malas, bati o olho e vi um papelzinho dobrado embaixo da mesa da sala.

Ela apontou para o piso frio do vestiário como se fosse o chão da sua casa.

— A princípio não dei bola. Continuei arrumando minhas coisas e o papelzinho lá, gritando o meu nome. Felizmente, ou infelizmente, sempre tive boa audição. Ainda vou me arrepender de ouvir tão bem.

A mulher, que falava pelos cotovelos, com as mãos e com uma cara de pau, pasmem, se considerava uma boa ouvinte. Nem discuti tamanha pretensão, porque explicar a definição de "boa ouvinte" me daria muito trabalho e eu estava mesmo era intrigada com o tal papelzinho dobrado. Imitei o seu gesto, apontando para o chão, querendo que ela continuasse.

— Ah, sim! Resolvi abrir o tal papel e ler.

Ela atendeu ao meu pedido. Com o dedo em riste começou a bater na palma da mão como se espancasse as letras ali escritas.

— Passei pelas primeiras linhas, minhas pernas ficaram bambas. Segundo parágrafo, meu estômago embrulhou. Reticências, fiquei enjoada. Ponto final, vomitei. Vomitei em cima daquele papel. As palavras eram claras e não deixavam dúvidas. Meu marido tinha uma amante! Era uma carta de comemoração. Um ano! Era uma declaração de amor. Na carta, ela, a outra, lembrava dos momentos que eles passaram juntos. Ela e o meu marido!

Cutucou-me com o dedo em riste, o mesmo com que tinha espancado a carta da outra, chamando-me para mais perto. Achei que ela ia me confidenciar um segredo, mas, entre dentes, rangeu uma ignorância cômica.

— Que momentos foram esses que eu nem percebi? Eu devia estar malhando.

O que eu poderia lhe dizer? Que ficamos cegos às vezes, surdos, burros... Pois ficamos. Acontece. Não enxergamos o que está na nossa frente. Não escutamos quem está ao nosso lado. Ela, sem enxergar nem escutar, engatou a marcha em alta velocidade e disparou.

— Aquele papel transbordava paixão e muitas reticências. Você não sabe o que são reticências na cabeça de uma mulher movida a paixão. E como aquele papel tinha parado ali, no chão da sala? Que ironia do destino, justamente no dia que eu estava indo embora. Será que ele deixou cair de propósito pra eu ler e descobrir tudo? Se ele deixou ali é porque queria que eu descobrisse e fosse embora. Mas eu já estava indo embora. Ele sabia que eu estava indo embora? Então ele sabia do meu caso! Sabia e não disse nada? Porra, na hora eu pirei!

Uma freada. Um colapso. Eu, sem cinto de segurança, fechei os olhos e rezei. Ela, tentando evitar o pior, levou as mãos à cabeça, como se quisesse preservar o juízo e evitar um prejuízo maior. Abaixou o rosto, escondendo-o entre as pernas, aquela posição que a aeromoça ensina em casos de turbulência e despressurização. Ficou encolhida desse jeito, sem se mexer. Ouvi dizer que não se deve mexer nas vítimas de acidentes graves. Senti-me totalmente impotente. Não sabia o que fazer. Fiquei de vigília. Até que não aguentei mais. Já estava quase tocando em seu corpo, quando ela, cautelosa, levantou a cabeça, olhou em volta, certificando-se de que não havia feridos, e decidiu repartir comigo sua descoberta.

— Mas sabe que foi a melhor coisa que me aconteceu? Esse momento foi decisivo na minha vida. Caiu a ficha. Eu passei a ver meu marido com outros olhos. Eu passei a admirar aquele cara por quem a "outra" estava apaixonada. Eu fiquei com uma inveja dela!

E falou essa última frase encrespando a voz e as mãos. Confesso que eu estava confusa, perdida com a ligeireza de seu raciocínio, mas me esforçava para compreender a logística da situação. Ela sentiu a minha dificuldade. Tentou me ajudar piorando.

— O Murilo com quem eu estava casada, que eu estava deixando, não era o Murilo com quem eu me casei. Tá me acompanhando? — Deu dois tapinhas no meu ombro esquerdo e completou mais rápida do que nunca. — O Murilo com quem eu me casei era o mesmo da carta que eu tinha lido. Reconheci logo. Era ele!

— Huuummm... — murmurei, tentando tranquilizá-la, fazendo cara de inteligente.

— Na carta, ela, a outra, falava de um Murilo que fazia passeios de barcos, que jantava em restaurantes românticos e que tinha feito uma viagem, recente, ao Alasca. Viagem classificada como "inesquecível".

Com as mãos no ar ela fez um outdoor debochado de "inesquecível" e virou-se para mim com uma pergunta "irrespondível".

— Alasca? Alasca, porra! Quando o Murilo foi pro Alasca? Onde é que eu estava?

Quis ajudá-la, mas não tive tempo.

— Eu devia estar no Apache!

A mulher concluiu.

— E desde quando ele gosta de gelo? O Murilo não gosta de gelo nem no uísque. O Murilo, meu marido, é friorento. Ele não vai a Petrópolis porque "Faz muito frio. Eu posso pegar um resfriado".

Ela encheu a boca e falou como se o marido fosse um velhinho enjoado.

— Um chato! Chato, chato, chato. Murilo é chato!

Essa parte eu entendi porque ela frisou bem. Não sei por quê, na hora, me veio a imagem do Murilo. Todo agasalhado, gorro, luvas, fumaça saindo da boca. Senti carinho por ele. Sorri-lhe em segredo, solidária. Petrópolis é frio.

— Aquele Murilo do Alasca eu não conhecia. Quer dizer, se eu conheci, foi há muito tempo. Será que ele já gostava de gelo nessa época?

E ela se deu de presente uma pausa para pensar. Pensou. Pensou. E voltou. Com a corda toda.

— Ai que inveja! Que inveja daquela mulher! Ela tinha ficado com o melhor Murilo e deixado o que não presta pra mim! O meu Murilo eu não queria. Eu queria o dela! Daquela mulher sortuda! Que foi pro Alasca com um cara tão bacana. Tá me acompanhando?

Mais dois tapinhas vigorosos. Àquela altura eu havia me perdido de novo. Ainda estava lá, descendo a serra de Petrópolis. Ela não me esperou, não voltou para me socorrer, nem me buscar. Pelo contrário, adiantou seu lado. Dobrou a toalha com a qual tinha secado o cabelo e colocou-a num saco plástico. Pegou o hidratante. Colocou tudo dentro da bolsa grande de bolinhas. Lá de dentro tirou um saco de malha com as sandálias de salto alto, que trocou pelas sandálias de borracha que tinha nos pés. Calçou as sandálias altas. As sandálias de borracha foram para dentro do saco de malha, que voltou para a bolsa preta de bolinhas brancas. Cada coisa no seu lugar. Muito organizada, notei. Só sendo muito organizada para administrar tudo aquilo: Murilo, três filhos, amante, Apache, ginástica, abdômen sarado... Comecei a entender por que ela falava tão rápido. Onde ia arranjar tempo para dar conta de tanta gente? Fechou o zíper da bolsa.

— Deve ter sido mesmo uma viagem inesquecível. Porque ela terminava a carta assim. — Com voz de "boca mole sem dente", imitou a amante do marido. — "Um beijo do seu amor eterno." Amor eterno? Argh! Tive vontade de vomitar!

Encrespou a voz e as mãos, adicionando uma careta de nojo que fez questão de esconder abaixando o rosto entre as pernas. Ficou pouco nessa posição. Levantou a cabeça, esbugalhando os olhos como uma foca e fazendo piada da situação.

— Será que ela escreveu aquela carta num iglu?

Botou um bico do tamanho de um bonde.

— Abraçadinha ao Murilo dela? Dando um beijinho de esquimó?

Mostrou o braço apontando os pelos arrepiados.

— Quando acabei de ler a carta eu estava gelada. Respirei fundo e ali, naquela hora, eu desisti de ir embora. Sabe por quê?

Levantou-se confiante, pegou a bolsa de bolinhas, ajeitou o vestido vermelho e disse:

— Porque eu percebi que estava, novamente, apaixonada pelo meu marido.

Estávamos frente a frente, em pé, no vestiário. Dessa vez, quem olhou para o espelho fui eu. Lá, vi duas mulheres sorrindo. Dois sorrisos distintos. Cúmplices. Um deles de alívio. O outro aparecera sem aviso no rosto. Os dois sorrisos cumprimentaram-se, despediram-se, e cada qual seguiu o seu caminho.

Já disse que, apesar de ouvir muitas histórias, de conhecer muita gente, continuo me surpreendendo? Pois continuo. Essa história foi uma delas. Uma história surpreendente. De certa forma, todas as histórias são. Mas essa foi por vários motivos. Pelo começo inusitado, pelo meio atrapalhado, pelo cenário inadequado, por ela mesma tão apressada. Por tudo isso, nunca poderia imaginar que, naquele dia, meu primeiro dia de academia de ginástica, seria brindada com uma história de amor. Torta, estranha, um tanto vulgar, mas de amor. Um amor equilibrado em corda bamba, testado a cabos de aço e de guerra, baseado num acordo tácito, mas, acima de tudo, consciente da fragilidade dos sentimentos e da inconstância da vida. Um amor malhado, sarado, com músculos suficientes para superar seus desafios.

Ainda hoje frequento a mesma academia. Ela também. De vez em quando, nos esbarramos entre a esteira ergométrica, o aparelho de supino e uma aula de spinning. Ela fala um "oi" através do espelho, eu respondo com um "olá", ou um aceno de mão, quando estou um pouco mais afastada, sorrimos... E pronto. É ótimo quando nos encontramos. Nunca tomamos um café juntas. Nunca visitei sua casa. Desencontros diários e a correria do dia a dia nos impedem de conversar mais, sobre aquele ou qualquer outro assunto. Quem nos vê de longe acha que somos apenas duas colegas que se cumprimentam educadamente. Mas nós sabemos que, por um momento eterno, fomos amigas de uma vida inteira.

"Escutar é um desafio maior do que nossa percepção alcança. Quando o outro é testemunha, o mundo real torna-se legítimo. Um mundo que prescinde da escuta é um mundo inacabado."

O parque

Escutar é um grande desafio. Um desafio que nos fazemos diariamente. Porque escutar, por mais que associemos ao outro, é um ato ligado a si mesmo. Quem não sabe *se* escutar não consegue ouvir ninguém.

Reconhecer a própria voz é o primeiro passo para escutar o outro. Não falo da voz com que cantamos uma música, discutimos com o namorado, falamos ao telefone. Essa não é a voz da gente. Essa é a voz que usamos para resolver problemas, tocar a vida, fazer passar o tempo. Falo do lugar onde nascem os pensamentos, o gostar disso ou daquilo, as preferências, as opiniões, a intuição. Esse é o lugar de cada um. A nossa voz está lá onde mora a nossa solidão. Onde fica a síntese do que não pode faltar quando se é você. E para ser você é preciso reconhecer e assumir seu próprio som. Descobrir o alcance da sua voz na escala rítmica dos batimentos cardíacos. A extensão vocal de sua razão. Sem a consciência do poder e da individualidade desse instrumento — elo mais comum entre a gente e o mundo que nos cerca —, passamos a vida como cópia de outras vozes, a cuspir vocábulos que imitamos aqui e acolá, samplers de opiniões alheias, seres incapazes da autoria de uma frase original sequer. De uma reflexão, mesmo que singela, que o distinga do coleguinha ao lado. Um eterno cover melancólico de pensamentos gastos e rotos.

Escutar é um desafio maior do que nossa percepção alcança. Falar também. Dois sentidos paradoxais. A voz não está na voz. A voz não sai da boca, garganta, cordas vocais. A nossa voz, o sopro que faz de você quem você é, está nos ouvidos. Que não os nossos. A nossa voz reside nos ouvidos de quem nos escuta. Nos tímpanos dos outros. É lá que fazemos a diferença e que nos tornamos quem somos. Que alcançamos um nome, desenvolvemos um temperamento, existimos enquanto indivíduos. Só quando encontramos essa outra margem — quando a esfera do etéreo e das intenções guardadas é rompida — que a voz se torna concreta, as vontades e as ideias ganham volume e coragem para se arriscar para mais gente. Os ouvidos alheios são a porta de entrada para si mesmo e para tudo que não é você. Porque quando escutamos é que o *estranho* se torna o *outro*, eu me torno quem sou, e a sociedade consegue se mover.

Quando o outro é testemunha, o mundo real torna-se legítimo. Um mundo que prescinde da escuta é um mundo inacabado de pessoas malfeitas. Parece estranho. Parece falso. Experimente pensar, experimente falar, experimente ler, experimente agir. De onde esses impulsos partem e onde se completam?

Estava cansada. Sol forte, daqueles que cegam a vista e produzem um monte de pontinhos brilhantes se o encaramos. Três e meia da tarde. Tinha resolvido ir a pé do dentista, que ficava no Flamengo, até o endereço da reunião, em Laranjeiras. Dois bairros próximos, residenciais, que foram testemunhas e passagem do crescimento do Rio, e que misturam ainda hoje em sua arquitetura casarios coloniais — com casas das décadas de 1920, 1930 a prédios das décadas de 1940, 1950 — até esses condomínios modernos com áreas de lazer empoleiradas + camelôs + ambulantes + pedintes + letreiros comerciais que descaracterizam fachadas. Uma convivência nem sempre pacífica de estilos. A tal desordem urbana. O endereço da reunião ficava numa parte nobre de Laranjeiras, o Parque Guinle.

Passei pelo imponente portão de ferro, cumprimentei os dois leões alados e reverenciei as esfinges egípcias, cada uma de um lado do portão, cada qual com um anjo peralta de bronze sentado displicentemente nas costas. Estava um tanto maltratado o parque, mas ainda guardava vestígios dos áureos tempos. Parei, curiosa que sou, para ler a placa explicativa sobre o lugar, que ficava logo na entrada. As letras desbotadas diziam que o palacete, localizado no alto do parque, 35 metros acima do nível do portão de ferro, fora projetado no começo do século passado entre 1909 e 1917 pelo arquiteto Silva Telles, para ser a residência de uma das famílias mais ricas do país. Os Guinle. Hoje em dia é o Palácio das Laranjeiras, endereço oficial do governador do estado do Rio de Janeiro.

Olhei em volta pensando no tempo. Quantas pessoas teriam morado ali, ou pelo menos passado por ali, passeado por aqueles jardins. O palacete, construído sob a influência da arquitetura francesa da época, era propício a comemorações. Imaginei mulheres desfilando seus modelos elegantes em festas animadas, homens importantes saltando de carros importados em recepções de gala, crianças correndo pelos gramados íngremes. Casamentos sendo realizados, outros desfeitos. Música e brindes. Negócios, política, intrigas, dinheiro. Como em toda família — segredos, traições e sonhos. Muitos amigos, frequentadores, vários empregados. Teriam sido felizes, talvez. E infelizes também, alguns dias. Com certeza tinham uma bela vista lá do alto. E muitas histórias.

Minha reunião seria num prédio que fica ao redor do parque. A placa explicativa também fazia menção a esse prédio, ou melhor, aos prédios que ficam à direita, subindo pela rua Paulo Cesar de Andrade. Repasso as informações que julgo interessantes, tal como as li. "O Parque Guinle abriga em seu entorno quatro prédios de estilo modernista, construídos no final da década de 1940 e começo da década de 1950, sendo os dois primeiros projetados pelo arquiteto Lucio Costa, mestre e glória da arquitetura brasileira, autor também do projeto urbanístico de Brasília." Com outros olhos voltei-me para o prédio moderno para o qual eu iria. O segundo, logo na subida.

Olhei para o relógio. Estava bastante adiantada para a reunião às 17 horas. Ótimo, pensei, daria um tempo no parque até a hora do meu compromisso. Tinha um bom livro na bolsa, compraria alguma coisa para beber: seria uma tarde agradável.

Caminhei um pouco mais. Passei pelo parquinho das crianças, pelo lago sinuoso, avancei pelos jardins e alamedas até encontrar uma árvore, que dentre todas foi a que me pareceu mais hospitaleira. Embaixo, um banco. Promessa de paz. Sensação agradável de não ter pressa, de poder dispor da sombra só para mim. Sentei. Sentada estava, sentada permaneceria o tempo que eu quisesse.

Fechei os olhos e comecei a me desligar do calor, das pernas cansadas, da reunião marcada, senti o ar entrando pelo nariz, preenchendo os pulmões e depois sendo expelido. Acompanhei o trajeto várias vezes. Fui ficando leve... leve... Desliguei-me de tal forma daquele corpo sentado no banco que o olhei de cima e ele não era mais meu. Eu já era uma gaivota planando, ou talvez uma pipa perdida, sem destino, que ia sendo levada pela própria sorte. As duas opções me agradavam. Em ambos os casos eu pairava serena, acima das copas das árvores. Os sentidos ficam aguçados ali do alto. Com receio de despencar, apeguei-me aos sons que passam despercebidos, que deixamos passar.

Comecei a prestar atenção ao que normalmente eu não identificava e desconhecia. Era como se tivessem ligado o *dolby stereo* nos meus ouvidos ou colocado microfones escondidos atrás das orelhas. Tudo ficou amplificado. Tive a sensação de ter entrado por um portal que me deu acesso a um mundo até então oculto. Comecei a perceber o som do lugar. Do parque. Dos Guinle.

Embora estivesse calor, uma brisa suave corria. Pássaros. Vários pássaros. Diferentes cantos. Bem diferentes uns dos outros. Som da garça solitária andando com suas pernas longilíneas, rompendo a água do lago como uma agulha costura o tecido.

Vozes distantes. De criança chorando, de criança rindo, algumas brincando no pula-pula, outras descendo o escorrega e outras ainda oscilando na gangorra do parquinho.

Voz de adulto. De velhos. Os mais velhos fazendo ginástica. Bem-dispostos. Som de músculos trabalhando. Som de babás vestidas de branco cuidando de bebês aprendendo a andar. Som da cadeira de rodas de quem não anda mais.

Som de bicho. De mico. Uma família de micos fazendo algazarra. Barulho de carro, ao fundo, subindo a rua. Bicicleta descendo. Moto acelerando. Caminhão pesado levando entulho. Obra de um prédio sendo erguido. Picaretas. Pás. Cimento. Furadeira. Barulho de gente martelando. Barulho de marmita tardia sendo aberta, som de cheiro de comida caseira. Buzina simpática do vendedor ambulante anunciando pão fresquinho: "Olha o pão. De leite, francês, de forma, broa, bisnaga e bolo. Acabou de sair do forno."

Som da barraquinha vendendo milho, outra, sorvete e refrigerantes — sons diferentes o dos refrigerantes e o do sorvete. Barulho do lago. Lago tem barulho, sim. Som dos patos. De vez em quando um pato fazia quem-quem. Som de pombo ciscando. Muitos pombos. Aterrissando e depois levantando em revoada. De vez em quando tinha som de peixe pulando na água. Som de água correndo na fonte. Ou seria um córrego? Que ficava longe. Barulho das folhas respondendo ao vento. Do varredor recolhendo o lixo e as folhas caídas. Som da simpatia do varredor batendo papo com uma senhora: "...Chá de boldo é muito bom, Dona Anita. Pode tomar." "É mesmo? Chá de boldo? Vou falar pro meu marido que ele tá sofrendo, coitado, do estômago. Nem dormiu hoje direito." "Pode experimentar, é tiro e queda, chá de boldo. Se a senhora quiser trago de lá da Pavuna, onde eu moro, tem uma barraca só de chá..."

Som de uma música mais alta vindo da área de serviço de um apartamento. Quem estaria escutando: "Não aprendi a dizer adeus. Mas tenho que aceitar. Que amores vêm e vão, são aves de verão. Se tens que me deixar. Que seja então feliz..."

Outra música estrangeira tocando num radinho de pilha: *"When I fall in love..."*

Volta e meia a música estrangeira era interrompida por um locutor que informava sobre o trânsito caótico, segundo ele, na Mena Barreto: "Aqui é o repórter aéreo. Pra quem está em Botafogo indo em direção ao Humaitá, as ruas estão congestionadas, a melhor opção..."

Som dos cachorros passeando. Raças variadas. Uns na coleira, outros correndo livres. Latidos fortes, cachorros de grande porte. E filhotes descobrindo a vida. "Sofia! Sandro! Vêm cá, meus filhinhos!" Dois poodles branquinhos desfilando. Som do salto alto da "mamãe" de Sofia e Sandro andando. *Tac tac tac...*

Som de um casal empurrando o carrinho do primeiro filho. "Môr, acho que ela tá com fome." "Mas ela acabou de mamar não tem quinze minutos, môzinho." "Ela tá com fome, sim." "Se tá com fome então tem que dar de mamar, môr." "Mas você não acha que é muito cedo pra ela tá com fome, môzinho?"

Som de bebê com fome berrando. Som de um casal discutindo baixinho. Ciúmes. Som dos estudantes matando aula, do baseado rolando solto, de dois adolescentes se pegando, beijo de língua. Som de um celular tocando. "Tô em Laranjeiras. Daqui a pouco eu tô aí, marquei com a Fátima de a gente assistir à sessão das 18 horas. Quem chegar primeiro compra o ingresso."

Som de um videogame atirando e marcando pontos. Som de dois homens jogando xadrez nas mesinhas de concreto ao lado do parquinho das crianças. Som de um violão no meio de uma roda de gente sentada nas pedras. Som de risadas. Som do silêncio zen da galera do tai chi chuan.

Som de uma bíblia sendo lida em voz alta. "...O Senhor é o meu pastor, nada me faltará. Deitar-me faz em verdes pastos, guia-me mansamente a águas tranquilas. Refrigera a minha alma, guia-me pelas veredas da justiça, por amor do seu nome..."

Som de um despacho sendo colocado discretamente numa encruzilhada entre dois canteiros. Som de gente que por não ter nada o que fazer foi para o parque. Som de uma moça sozinha. Som de um moço sozinho. Som de duas pessoas sozinhas se olhando. Som de um mendigo carregando sacolas de plástico e um cobertor.

Som de alguém lendo jornal, som das páginas do jornal, voz de um professor para um pequeno grupo de alunos que o seguia: "Este parque tem dois morros ao redor: Nova Cintra e São Judas Tadeu. Aqui encontramos uma grande diversidade de espécies de aves. Tem o beija-flor-tesoura, o sanhaço-de-coqueiro, o bem-te-vi..."

Som dos alunos anotando nome de passarinho. Som de passarinho sendo encoberto pelo barulho da patrulhinha estacionada na frente do parque. De policiais falando, de policiais comendo, de um dormindo. Barulho do rádio da patrulha registrando mais uma ocorrência. Barulho de sirene. De ambulância. Das luzes da sirene rodando. Rodando...

Som do Cristo Redentor de braços abertos. Do avião passando perto do Cristo. Dos turistas maravilhados dentro do avião. Som do parque se abrindo para mim e da cidade do Rio de Janeiro pulsando do lado de fora.

A voz do professor foi embaralhando: "...Também podemos encontrar o sabiá-poca, o gavião-carijó, o tesourão..." Foi ficando aguda, parecendo criança falando como um disco em rotação mais acelerada: "...e animais de pequeno porte: gambá, esquilo..."

A voz continuou acelerando, acelerando... Até que não era mais voz, tinha virado um zumbido. Eu, sem perceber, fui me afastando, sem controle sobre as minhas vontades, totalmente aberta e exposta. Ultrapassei as fronteiras do parque, subindo cada vez mais alto e distante. O palacete dos Guinle, de onde eu estava, pareceu-me uma casinha de bonecas. Os morros Nova Cintra e São Judas Tadeu, dois repolhos. O professor e os seus alunos aplicados, formiguinhas. De repente um buraco negro.

Um grito. Dor. Choro de criança. Manhêêê!

E, tal como Alice, eu fui caindo entre uma avalanche sonora de informações e referências.

Pai! Papai! Parabéns pra você nessa data querida. Êeeee. Bom dia. Boa noite. Boa sorte. Boa menina. Vozes de tios, primos, sobrinhos no circo. Eu no parque. Carrossel. Montanha-russa. Manhê! Som do giz no quadro-negro. Sala de aula. Algazarra. O que você vai ser quando crescer? Som do meu nome, do meu sobrenome, dos meus documentos.

Por alguns momentos eu não consegui distinguir se de fato o que eu ouvia acontecia à minha volta ou se apenas eu me lembrava dos sons catalogados no meu acervo afetivo de preferências e medos, fantasias e fobias, real e imaginário. Não sabia dizer se o que eu ouvia era concreto ou delírio.

Barulho de boca cheia falando, de família almoçando, de família discutindo, de enterro de parente. Voz de gente viva e de gente morta. Sinos. Cinzas. Quarta-feira. Carnaval. Mamãe, eu quero. Mamãe, eu quero. Mamãe, eu quero mamá. Aleluia. Jesus Cristo. Pai-nosso. Ave-maria. Vai com Deus. Adeus. Adeus ano velho, feliz ano-novo, que tudo se realize.

E, por mais que eu desconfiasse que os sons estivessem dentro da minha cabeça, eu não conseguia controlá-los, eles iam se multiplicando e se associando a outros sons como células espumando.

Som das estações do ano, do calendário, da chuva caindo no verão, no inverno, som do frio na serra, de banho de cachoeira e de rio. Do primeiro beijo. Do primeiro carro. De helicóptero.

Em queda livre, eu tentava alcançar os sons que passavam por mim em alta velocidade. Som não se pega, burra, eles se apegam à gente. Grudam na gente. Não dei ouvidos ao aviso e continuei esticando as mãos na direção de frases soltas, de barulhos estranhos, de vozes familiares, de tudo o que eu ouvia...

...Tique, taque, tique, taque... Por favor, que horas são? Trimmmmm. Alô. Alô? Com licença, obrigada. Au. Au. Miau. Oiê. Não. Tchau. Eu. É meu. Eu quero. Eu tenho. Eu te amo. Eu não te amo. Eu te odeio. Para sempre.

A vida, a memória, nosso afeto são recheados de sons e mistério. Escutamos o tempo todo. Sem trégua. Sem descanso.

...Som de uma sinfonia. Do meu cantor predileto, da trilha sonora da novela, da minha música preferida, da voz do meu primeiro amor, do amor da minha vida, do amor eterno até que a morte nos separe.

Dentre todos os sentidos, a audição é aquele que mais nos consome e nos deixa vulneráveis porque nos pega desprevenidos. Os sons não perguntam se podem entrar.

...Barulho de gente batendo na porta. De campainha. De televisão ligada, de geladeira ligada, de fogão, liquidificador, aspirador, de telefone tocando, barulho de mil e uma utilidades. Ruídos. Ruído de ligação cruzada, de gente falando ao mesmo tempo, microfonia...

Meu Deus, como o mundo é barulhento. Meu ouvido não é penico.

...Som de gente roncando. De despertador. Gooool. Torcida no Maracanã lotado. Juiz. Filho da puta. Filho da puta. Filho da mãe. Passeatas, aplausos, comícios, vaias...

...Fogos de artifício. Barulho de tiros. Pá. Pá pá pá pá... Metralhadora. Morteiros. Gente correndo. Gritos.

Pow. Pow. Pow. Pega ladrão! Polícia e ladrão. Ninguém me pega. Ninguém me pega. Carro acelerando, trem passando...

Eu passando de um som para o outro, desgovernada.

...Batida, desastre, buzinas. Engarrafamento na Ponte, Linha Vermelha, na Linha Amarela, na Orla, na Ilha, no Centro. A cidade toda parada. Desespero. Pânico...

Sobressaltos. Meu corpo estremecendo, transpirando. Sons desconexos se fundindo sem lógica. De onde vinham? Por que vieram? Me deixem em paz.

...Motor, cano de descarga, fumaça. Som de trago de cigarro. De bar lotado de gente berrando tentando conversar, talheres, música ao vivo. Barulho de briga de condomínio, voz de vizinho xingando, de gestos obscenos...

...De dente rangendo, de porta rangendo, de disco arranhado, de copo quebrado...

Som das ruas, da calçada, da noite, das esquinas, da feira livre, dos bairros, da cidade...

Toda cidade tem um som. Do alto do Corcovado, do Empire State, da Torre Eiffel... Podemos ouvir o som do Rio, de Nova York, de Paris... Cada cidade tem a sua voz.

"Cidade maravilhosa cheia de encantos mil. Cidade maravilhosa, coração do meu Brasil..."

Cada país tem o seu som.

"Oooo... Por essas fontes murmurantes, onde eu mato a minha sede, onde a lua vem brincar..."

Do espaço... Do espaço, qual é o som da Terra? Qual?

Som do meu cérebro processando tudo o que ele estava escutando. Estresse. Curto-circuito.

Bocas, berros, gritos, ruídos, vozes, entropia. Meu coração acelerou, acelerou, estava certa de que bateria de frente... Até que alguém soprou no meu ouvido: calma. Respira. Uma voz suave. Era minha mãe que falava? Minha avó? Minha filha? Eu? Eu tenho uma filha? Respira fundo. Bom dia. Boa noite. Boa sorte. Boa menina. Boa menina. Respira.

Fui aquietando. Respirando fundo. Sossegando. Empurrando os meus sons para dentro. Muita coisa para um corpo tão pequeno. Esforcei-me para trazer tudo de volta e arrumar a bagunça. Todos de castigo. Assumi o leme. Qual é o som da Terra?

Foi nessa hora que um som bem próximo, que eu não consegui distinguir o que era, me chamou a atenção.

Abri os olhos assustada, olhei para o alto, reconheci a mangueira. Continuei respirando. Percorri os caminhos que os galhos traçavam, os infinitos matizes de cor das folhas, as florzinhas miúdas que anunciavam frutos futuros. "Vai dar bastante manga este ano", pensei. Estava de volta ao parque.

O som que eu não distingui era de um lápis riscando um bloco grande de papel. Um rapaz de uns vinte e poucos anos, sentado num banco em frente ao meu, desenhava. Ele riscava com precisão e energia a folha branca do bloco que ele tinha apoiado nas pernas. Traços firmes, amplos. De vez em quando parava, ficava olhando, voltava, riscava mais um pouco. Tinha personalidade o desenho. E cores. Trocava de lápis a toda hora, misturando verdes, vermelhos, amarelos, azuis, tons vibrantes. Pareceu-me desenhar a árvore e tudo mais à sua volta. Não era um "desenho fotografia" daqueles fiéis à realidade do olhar, era um desenho fiel ao seu olhar. Ao que ele enxergava como árvore e tudo mais à sua volta.

Acredito que a arte está ao alcance de todos, mas somente para alguns ela está à mão. Penso num compositor, num pintor, num escritor... A sensibilidade é uma janela.

Os ouvidos, portas. Portais. Que dão acesso a um lugar onde as obras estão à espera de alguém que as ouça e lhes dê forma, gesto e voz. Que as traga para o mundo real e as divida conosco. Os artistas possuem esse dom. O talento tem bons ouvidos.

O rapaz percebeu meu interesse, mas não alterou sua rotina de trabalho. Continuou desenhando. Olhava para o alto, trocava de lápis, olhava para a frente, aperfeiçoava os traços. Notei que nada lhe escapava, nem mesmo eu. O rapaz observava a forma como eu estava sentada do mesmo jeito que as folhas caídas no chão, ou o desenho das penas do pato perdido, que andava por ali, desengonçado. Ele se detinha aos detalhes da minha roupa e do meu rosto tanto quanto à diversidade das folhagens no canteiro. Nossos olhares se esbarraram umas duas vezes. Eu não desviei, nem ele. Ele percebeu que eu percebi o que ele estava desenhando. Ele sorriu tímido sem se intimidar. Pensei: "Daqui a pouco ele vai parar de me bisbilhotar e vai puxar um assunto qualquer, a pretexto de me falar dele e de sua vida."

Sou. Sempre fui uma ótima observadora. Observar e escutar são palavras aparentadas, quase siamesas. Corajosas. Observar é escutar com os olhos. Já disse que não é por timidez que escuto. Agora digo: também não é por covardia. Já ouvi dizer que escutar é não ter coragem de se expressar. Pois eu digo. Observar é expressar coragem. Coragem para dispor do outro. Coragem para apenas estar. Estar sem ter que necessariamente agir, falar ou parecer. Sem ter que provar verbalmente quanto se está presente. Observar é a expressão de quem sabe escutar e está verdadeiramente presente. Escutar é a opção corajosa de assumir a outra ponta. Observar é escutar a ponta esquecida. A ponta que não é você. Lançar-se ao abismo de estar à mercê. De tudo à sua volta e do outro. Não ter medo de ficar à sombra. Do outro e de si mesmo. Oferecer sombra ao outro. Um refresco. Ao outro. Uma trégua a você. Uma atitude extremamente corajosa, fundamental, e fora de moda. Numa estrada de mão dupla e desequilibrada — em que muitos falam e raros são os que se entregam à escuta —, o lado que fala está sempre congestionado. Prefiro uma estrada livre. Que vai e volta. Meu caminho é livre. Quando a gente se livra do peso de ter que falar incondicionalmente se torna mais livre.

Fechei os olhos. De vez em quando eu os abria e fotografava o que via. Sou. Sempre fui. Uma fotógrafa. De tipos humanos e de quadros vivos. Natureza e cidade. Como fotógrafa, procuro os ângulos mais estranhos, controversos e incomuns de cada rosto sem nome e certidão de nascimento com os quais esbarro. Também fotografo construções — as de Deus e as dos homens — que estão espalhadas por aí e são cenário das histórias. Essas fotografias anônimas que vou tirando estão impressas na minha memória.

Ele não puxou nenhum assunto nem me falou a seu respeito. Eu, por outro lado, estava tão à vontade com sua presença que quis me abrir para ele, lhe contar o que se passava comigo. Achei estranha a ideia, mas foi o que fiz. Do meu jeito. Encarei-o bem franca e deixei que ele me desenhasse.

O rapaz chegou um pouco mais para a ponta do banco, procurando luminosidade e ângulos diferentes. Continuou sem falar nada. Não arranjamos nada para falar. Somente os sons do lápis riscando e do parque ao redor. Ele desenhando, eu sentada observando. Os dois olhando para a frente. Um para o outro. O silêncio geralmente incomoda. Mas, a despeito da situação incomum, estava me sentindo bem. Dificilmente aconteciam momentos como aquele. Uma conversa em silêncio. Diálogos inteiros só de pausas. As pessoas não estão mais acostumadas com tais sutilezas. As pessoas não estão acostumadas com tamanha intimidade. A intimidade não vem somente da troca de informações e de respostas a perguntas de questionários — índice medidor de quanto conhecemos uns dos outros. A intimidade vem do até onde os outros nos permitem chegar, sem fazer ou responder perguntas. Chegamos bem longe um no outro.

Ficamos um tempo comprido que nenhum de nós dois contou. Tenho certeza de que o rapaz descobriu em mim o que pessoas bem próximas a mim nem desconfiam. Eu, por outro lado, deixei à mostra aspectos da minha personalidade que talvez até eu mesma desconhecesse. Por quê? Difícil de explicar, mas a ideia de experimentar o que os outros sentem quando me contam suas histórias pareceu-me sedutora. Hoje posso afirmar que a experiência de ser ouvido é redentora, porque obriga a uma afirmação de sua própria personalidade. Traz uma sensação de autoridade, de autonomia, como se, ao contar a sua vida, enfim se tomasse posse dela. Encontrar alguém que o escute obriga a um compromisso com a verdade que liberta.

De repente, lá do último galho mais alto, dessas fatalidades que só acontecem uma vez ou outra, caiu uma manga filhote, precoce, do tamanho de uma ameixa. Caiu bem em frente a nós. Plaft! Violenta e certeira. E, sem cerimônia, com a sutileza de um elefante, a manga intrometida fez questão de me lembrar que horas eram. Olhei para o relógio: 17 horas. A reunião no prédio moderno. Num reflexo, levantei-me apressada. Ele parou e ficou me olhando, sem acreditar que eu iria embora. Percebi sua decepção, reconheci minha falta de cuidado.

Recuei. Fingi esquecer alguma coisa. Abri a bolsa e continuei fingindo. Procurava a coisa que eu tinha esquecido ali dentro também. Essa encenação toda não se sustentou por muito tempo, resolvi sentar de novo e retomar nossa conversa. Esperaria o rapaz terminar o desenho. Ele caprichou no acabamento, nas cores, nos sombreados, nos detalhes. Caprichoso. Recolheu os lápis, destacou a folha do bloco, assinou.

É claro que cheguei um pouco atrasada na reunião. Em compensação, tenho o desenho do Erik pendurado na parede da minha sala. As pessoas param, ficam olhando, gostam dos traços fortes, das cores vibrantes. Mas até hoje não houve ninguém que percebesse que eu estou ali, no meio daquelas linhas abstratas. Eu digo que estou a minha cara. Sou eu inteira. Alinhavada.

"Muitos dizem que a fala distingue o ser humano dos outros animais. Discordo. Saber escutar é o que nos dá humanidade."

No metrô

Escutar é mais que ouvir. É mais do que estar parada em frente a alguém, dividindo o mesmo metro quadrado. Escuta-se com todas as células do corpo. Escuta-se com as mãos, com os olhos, com a respiração, escuta-se, inclusive, com os ouvidos. Uma postura escuta, um gesto escuta, a boca escuta. Há que se deixar apagar e se concentrar no outro. Há também que se eliminar quaisquer ruídos de interferência — como pensamentos que voam, telefones que tocam, vaidades que afloram, vontade de ir ao banheiro. Muitos dizem que a fala distingue o ser humano dos outros animais. Discordo. Saber escutar é o que nos dá humanidade. Mas escutar não é o que se vê por aí. O que se vê por aí é uma distorção. Algo parecido com um duelo. Uma pessoa fala, logo depois a outra retruca, contando uma experiência muito melhor ou bem pior. Isso é uma relação de falsa solidariedade. Isso não é escutar. É outra coisa que não sei o nome. Escutar é ceder. É um ato de generosidade.

Segunda-feira. O dia das coisas. O dia de resolver as coisas. Todo mundo tem coisas para resolver na vida. Desconfio de quem tem a vida toda certinha. As minhas segundas estão reservadas para as coisas que precisam ser resolvidas, que estão na fila de espera e que vão sendo adiadas indefinidamente. É na segunda-feira que eu tento desobstruir a pauta de pendências acumuladas. Escolhi esse dia porque é o primeiro da semana, a gente está com a cabeça fresca, voltando de um dia de descanso, recomeçando. E as coisas que eu resolvo às segundas, geralmente, não são agradáveis ou prazerosas. Requerem serenidade e perseverança. São aquelas que enchem o saco, torram a paciência, e, se você não tiver a cabeça no lugar, acaba perdendo a cabeça. Aquela segunda eu já tinha me programado: sairia de casa mais cedo e, antes de ir para o trabalho, resolveria uma pendenga antiga. Plano de saúde.

Há três meses, mais ou menos, surgiu do nada, infiltrado no boleto bancário da mensalidade do meu plano de saúde, um penduricalho estranho, um adicional referente a um resgate aéreo, que eu não adicionei e nunca havia solicitado. Resgate aéreo. "Não gosto de viajar nem de avião que dirá de helicóptero!", foi a minha primeira reação àquela arbitrariedade. Além do mais, pensei, de nada me adiantaria adotar o tal serviço, porque, se um dia eu fosse resgatada de helicóptero, morreria do coração. Desconfio que isso não seria bom para a minha saúde. E depois fiquei analisando os lugares que eu frequento e não me lembrava de haver heliporto por perto. Logo, a probabilidade de eu morrer antes de ser resgatada era grande, enorme, eu diria de 100%.

Foram três meses de provação.

— Senhora, aguarde um momento, por favor, que eu vou estar transferindo a senhora para o setor responsável.

Foram três meses sendo transferida para todos "os setores irresponsáveis" do *call center* da empresa. Foram três meses ouvindo aquelas músicas enervantes. Três meses sendo jogada de um lado para o outro repetindo e explicando a minha sina, em inúmeros telefonemas, incontáveis fax e inesgotáveis e-mails, tentando tirar o helicóptero da minha vida. E nada! Ninguém me escutava. Parecia que eu estava falando outra língua. De minha parte posso dizer que sou uma pessoa de bom senso e equilibrada. Ouvi com a maior boa vontade todas as ponderações, razões, justificativas, sofri calada todo tipo de pressão psicológica e chantagem emocional das atendentes do *call center* da empresa, na tentativa de me convencerem das maravilhas e vantagens de um resgate aéreo. Elas jogaram duro. Artilharia pesada. Os argumentos em cascata e enxurrada que me enfiaram goela abaixo não me deixaram abrir a boca. Fiquei inchada de tanto sapo que engoli. Eu as escutei na esperança de que chegaria a minha vez. A vez de ser ouvida. Aí sim eu poderia explicar, por exemplo, que não pedi o serviço de resgate. Que eu nunca pediria o serviço de resgate. Que o dia que eu pedisse o tal serviço de resgate, poderiam trocar por um outro serviço, porque eu devia estar maluca ou ter virado uma sequestradora — e maluca ou sequestradora eu não precisaria de helicóptero, mas de uma ambulância ou patrulhinha. Que me colocassem numa ambulância, porque pelo meu plano eu tenho direito, e me levassem direto para o hospício. E se fosse sequestro é porque o plano não tinha dado certo, que chamassem a polícia e me trancassem no xadrez, antes de pagar o resgate e a mensalidade daquele plano mirabolante!

Bom, não preciso dizer que depois de três meses a minha hora de falar não chegou — e com tudo isso engasgado na garganta, sem conseguir me fazer ouvir, minha paciência tinha ido para o beleléu. Iria até o Centro para resgatar minha dignidade. Centro da cidade, não centro espírita, se bem que, no desespero, toda ajuda é bem-vinda. E não iria de helicóptero, mas de metrô, disposta a rodar a baiana e armar um barraco, atitudes que não têm nada a ver comigo, mas, numa situação como essa, são necessárias. Nada pessoal. Apenas uma questão de sobrevivência.

Segunda-feira. Oito e meia da manhã. Rumei para a estação do metrô mais próxima. Entrei na fila, comprei os bilhetes, fui em direção ao embarque. Desci as escadas e me posicionei na plataforma, sem ultrapassar a linha amarela. O trem já apontava os faróis no túnel. O trem parou. As portas automáticas abriram. Logo depois fecharam. O vagão estava cheio, mas não exatamente lotado. Tive sorte de avistar dois lugares vazios ao fundo. Sentei. À minha frente, naqueles bancos laterais laranja — destinados a gestantes, idosos e portadores de deficiência —, uma mulher gorducha, que não se encaixava em nenhuma das categorias inclusivas, estava lá, aboletada, bebendo seu refrigerante e comendo um biscoito açucarado. Ela se espremia para caber no assento estreito, laranja. Mas apesar do seu esforço sobrava senhora para as duas cadeiras laterais. Aliás, tudo nela sobrava. O pé transbordava o chinelo. Os braços pulavam da blusa. Os peitos debruçavam para fora. Ela não cabia nela, que dirá no assento estreito, projetado, com certeza, por uma pessoa esbelta.

Ao lado da gorducha, já nos assentos verdes dos simples mortais, um garoto. Skate entre as pernas, bermudas, tênis, boné, camisa encobrindo tatuagens coloridas estampadas em sua pele de garoto. O garoto estava acompanhado por uma menina de cabelos vermelhos e vários piercings no corpo. Contei pelo menos quatro. Nariz, sobrancelha, orelha e umbigo. Fora os furos escondidos, em lugares mais reservados, a que eu não tive acesso e não pude contabilizar. Os dois, o garoto das tatuagens + a menina dos piercings, conversavam animados, folheando uma revista e apontando para as imagens radicais.

Em pé, um homem de terno cinza carregando uma pasta falava ao celular. À direita, segurando naquelas barras de aço inoxidável, um travesti enorme. Figura híbrida. Parecia estar pronto para começar um show. A maquiagem borrada me dizia que a noite tinha sido longa. Vestia blusa de paetês, microssaia, aplique no cabelo, salto alto. De vez em quando descansava o corpo numa das pernas e o salto virava. Ele ou ela chamava atenção. Não pelo visual inusitado, mas pelo livro que ele ou ela tinha nas mãos e devorava compenetradíssimo. *Como reconhecer o amor da sua vida.*

No mais, no vagão, pessoas iam para o trabalho ou para outro lugar qualquer. E foi então que aconteceu uma coisa no mínimo curiosa, dessas que acontecem comigo com tanta frequência que eu nem me pergunto mais por quê. Acontecem. Eu as aceito. Como aceito um dia de chuva. Aceito quando faz sol, aceito uma dor de cabeça. Um senhor, que estava sentado lá na frente do vagão, levantou-se e sem titubear atravessou o corredor inteiro. Nenhuma dúvida, hesitação, sequer olhou para os lados. Foi certeiro. Direto. Mecânico. Um robô obedecendo a um comando. Levantou-se e foi ao meu encontro, como se fosse a coisa natural a fazer. Sentou-se. Mas ainda não estava à vontade. Mexia-se procurando posição. Cruzou as pernas para um lado, cruzou para o outro, coçou a cabeça, tirou um lenço do bolso, enxugou a testa, tossiu e começou a contar a vida. A sensação de alívio que tomou conta de seu rosto foi nítida e comovente. Começou do princípio.

— Sou asmático.

Ele interrompeu a tosse um tanto constrangido, um tanto simpático.

— Não fique preocupada que não pega. Falo isso porque quando eu começo a tossir tem gente que me olha de cara feia, começa a se abanar, levanta... Aí eu vou logo falando. É asma. Não pega. Vem de família.

E, num tom mais baixo, falou olhando em volta para se certificar de que ninguém o estava censurando. Eu acompanhei sua busca. Mas só encontrei, entre nossos companheiros de vagão, olhares desinteressados, que se cruzavam mais pelo acaso do que pelo incômodo, até porque o senhor preocupado abafava a tosse com o lenço que tinha tirado do bolso da calça e trazia nas mãos. Era discreto e, como já disse, simpático.

— Você tem algum asmático na família?

Balancei a cabeça negativamente, achando graça daquela pergunta curiosa.

— Eu tive. Acho que "peguei" asma do meu "irmãozinho", o Juvenal. Devíamos ter uns nove anos de idade quando nos conhecemos. Estávamos jogando bola na rua quando um garoto mais velho resolveu tirar satisfação de um bico na canela que o Juvenal tinha lhe dado. Foi uma entrada dura, eu vi. Mas aconteceu. Futebol é assim, bico na canela faz parte. Mas o garoto mais velho não pensava desse jeito, partiu pra cima e deu uma gravata naquele menino franzino, que começou a ter uma crise bem ali, na nossa frente. Crise de asma. Começou com falta de ar... Falta de ar... E o garoto mais velho lá, sem afrouxar a gravata. O Juvenal começou a ficar azul, os pés começaram a tremer, a língua pra fora... Quando eu vi que a situação estava ficando feia, não pensei duas vezes: pulei no cangote do marmanjo e... e...

E o senhor asmático, que aparentava uns 70 anos — os cabelos e a barba praticamente brancos, barriga avantajada —, teve um ataque de riso lembrando-se do marmanjo. Começou devagar com um riso marola inofensivo, que foi crescendo, crescendo, até tornar-se uma gargalhada "tsunami", devastadora, sem ar, de aparência medonha, que afundava o peito e produzia um chiado de gato. Um espetáculo de agonia. Tal qual o encontro dos rios Negro e Solimões, quando as águas se juntam, mas não se misturam, eu presenciei a simbiose de um ataque de riso com uma crise de asma — mistura explosiva que realmente causou estranheza na vizinhança. O vagão atento acompanhou aqueles momentos de aflição. A gorducha interrompeu o trajeto do biscoito açucarado em direção à boca, que ficou aberta assistindo à cena. O travesti (ou seria a travesti?) abaixou o livro, passou os olhos arregalados por cima do amor da sua vida, temendo o pior. O homem falando ao celular interrompeu a conversa para procurar o telefone da emergência. E até o garoto das tatuagens e a menina dos piercings deixaram suspensa uma página da revista radical, que ia ser virada. Eu franzi a testa, apertei os olhos e prendi a respiração numa apneia suicida, esperando que ele reagisse. Todos pararam diante da agonia. Do chiado. De gato. Da crise. Do riso. O senhor, como um disco arranhado que se repete exaustivamente, ficou emperrado numa única palavra:

— Dei... dei... dei...

Eu dei dois tapinhas em suas costas. Mais por impulso e por não saber o que fazer do que por achar que os dois tapinhas adiantariam alguma coisa. Mas não é que deu certo? Acho que desentupiu. O que estava engasgando. Ele pegou no tranco e conseguiu completar a frase em risco:

— Dei uma dentada na orelha dele, tirei um pedaço deste tamanho!

Fez com os dedos polegar e indicador a medida da dentada e voltou a falar normalmente, como se nada tivesse acontecido. Depois, para espanto geral, como que cumprindo um procedimento de rotina, tamanha intimidade que tinha com seu estado, tirou do bolso do paletó bege uma bombinha discreta, apertando-a boca adentro, injetando oxigênio em sua narrativa. Aos poucos, parecendo uma orquestra bem ensaiada, nossos companheiros de vagão, após se certificarem de que a situação estava sob controle, foram nos deixando para retornar aos seus afazeres. Nós prosseguimos a viagem. Eu e ele. Juntos.

— Tivemos que dar no pé, os dois. Quer dizer, eu tive que dar no pé praticamente carregando o moleque nas costas. Corremos uns quinze minutos, assim, sem olhar pra trás, fugindo do gigante. A partir daí nunca mais nos separamos. Quando o Juvenal começava com aquele chiado no peito, eu pensava: "Ih, lá vem outra crise!" E aí eu já sabia tudo o que tinha que fazer. Crescemos juntos, brigamos juntos, rimos juntos, aprontamos juntos, demos duro juntos. Que nessa época criança também tinha que pegar no batente e ajudar a família, éramos todos muito pobres. A mãe do Juvenal, dona Odete, fazia uns biscoitos que desmanchavam na boca. A molecada toda adorava! Um dia, levamos os biscoitos de dona Odete para tentar vender na feira, para levantar uns trocados. Vendemos tudo, e no dia seguinte, mais ainda. Ficamos animados! Depois de um mês já tínhamos uma freguesia enorme. Claro, muito por causa dos biscoitos que eram deliciosos, mas muito também por nossa simpatia. Formávamos uma dupla imbatível. Eu, modéstia à parte, sempre fui muito conversador, palavra fácil, como você deve estar percebendo...

E o senhor simpatia sorriu nada modesto e tampouco econômico, exibindo suas habilidades. Era realmente pródigo com os vocábulos, abusava dos caracteres — sem abrir mão do ritmo — e se sentia à vontade com todos os tempos verbais. Não preciso dizer que fiquei hipnotizada. Tinha sentado a fome ao lado da vontade de comer, vizinhos num banco de metrô. Eu que adorava escutar, ele que amava falar. Irmanados por um amor em desuso. Amor que corre por vielas distintas, mas que se fundem pelo caminho e pavimentam uma única via larga. Que na verdade nada mais é, e nada mais foi, desde todo o sempre, uma, um. Que abarca dois. Os dois lados. As duas faces do mesmo rosto. Respeitando a lógica dos membros e sentidos duplos que temos no corpo e na essência: lados esquerdo e direito, das pernas, dos braços, dois olhos, dois pulmões, duas orelhas. A Fala. A Escuta. Duas funções conectadas. As pessoas acham que sabem falar. As pessoas esquecem que quem nunca escutou não sabe como emitir o som. As pessoas esquecem que a escuta precede a fala. Dois sentidos interligados e dependentes. Dois sentidos que despertam paixões.

Já disse que minha paixão é antiga? E que paixão antiga torna-se amor confiável? Pois vira. O objeto do meu amor, e quanto a isso tenho certeza de que meu companheiro de viagem concordava comigo, não é essa fala compulsiva, ordinária, que simplesmente junta uma palavra com a outra, sem formar conteúdo nem estilo. O objeto do "nosso" amor não cospe informações sem consciência estética e sensorial. Não. Abaixo essa voz liquidificadora, pasteurizada, gordurosa, que não alimenta. A nossa paixão tem alvo. São as conversas saborosas que nos fazem perder a hora e lubrificam os sentidos. O senhor era um bom exemplo dessa estirpe nobre. Falava com requintes sem ser esnobe. Falava com propriedade sem ser especialista. Como quem tem intimidade e fé na palavra. Meu companheiro de metrô sabia como envernizar uma história, sabia organizar os acontecimentos e dosava com maestria uma informação nova. Desenvolvia o caráter de cada personagem, fazia suspense, pontuava como poucos. Era sabido o danado e me pegou de jeito. Tinha encontrado uma Sherazade de calças que naquele momento me enfeitiçava.

— E Juvenal... Juvenal tinha uma carinha de anjo, de bom moço, que dobrava qualquer um. Eu ia na frente. Oferecia os biscoitos, expunha a qualidade do produto, fazia um gracejo qualquer, e no final Juvenal dava o golpe de misericórdia, com aquele olhar de criança pidona abandonada. Quando lançava o seu famoso "por favor, moço", com os olhinhos cheios d'água: "compre nossos biscoitos que estamos necessitados. Meu paizinho é entrevado e minha mãe cata caixa de papelão na rua..." Tudo mentira!

E riu, uma risada cheia, sonora, que reverberava por todo o corpo e contagiava a gente.

— Não havia quem resistisse. Quantos biscoitos levássemos, quantos vendíamos. Em pouco tempo decidimos abrir uma vendinha. Achamos uma birosca abandonada, de uma porta só, que ficava na rua atrás da nossa casa. Dona Odete, sempre muito criativa, começou a fazer outros tipos de biscoitos, para diversificar a freguesia. Biscoito doce, biscoito salgado, folheado, com cobertura, com recheio, uns pequenininhos, os salgadinhos, outros maiores, as bolachas. Não preciso dizer que o sucesso foi absoluto e imediato. A vendinha cresceu, e Dona Odete teve que contratar mais três ajudantes pra dar conta de tanto serviço, mais encomendas.

Eu estava com ele. E com ele iria para onde ele me levasse — de bom grado, sem resistência, nocauteada. Subi em sua garupa sem pensar nas consequências. Os bons contadores de histórias têm o seguinte dom: contam a sua história como se fosse de outra gente. Transformam em personagem o que tem seu nome, como se ele não estivesse presente e como se aquela vida contada não fosse mais a vida dele.

— Eu e meu amigo Juvenal, desde que nos conhecemos, nunca brigamos por nada. Nada. Nenhuma rusga, desavença, desconfiança, nada. A gente se entendia. A gente se respeitava. Éramos diferentes em tudo, mas em tudo a gente combinava. O que não tinha nele sobrava em mim e vice-versa.

"PRÓXIMA PARADA: ESTAÇÃO CARIOCA. DESEMBARQUE PELO LADO DIREITO."

Ao ouvir o anúncio — que informava as estações do metrô —, o senhor interrompeu bruscamente a história e para meu desespero levantou-se e disse em tom de despedida:

— Até quando apareceu a Adelaide.

O trem parou. As portas automáticas abriram e fecharam, cumprindo sua natureza automática. Ele passou por elas indo embora do mesmo jeito que chegou. Nenhuma dúvida, hesitação, sequer olhou para os lados. Foi certeiro. Direto. Mecânico. Um robô obedecendo a um comando. Fiquei sem ação e um tanto chocada com sua deserção. Colei meu rosto ao vidro do vagão na esperança de uma última imagem. Ainda vi o senhor caminhar pela plataforma. O trem foi se afastando, ganhando velocidade, ele foi ficando pequeno, perdendo tamanho e contraste. E pensar que a estação em que eu deveria ter saltado tinha ficado para trás há apenas alguns minutos. Tinha acabado de deixar a Cinelândia passar, sem remorso. Deixei que ele prosseguisse com sua história de biscoitos que eu não queria ninguém entalado precisando falar. Mas ele não pensou em mim, foi embora e me deixou sozinha na Carioca, na companhia apenas de um nome.

A-de-lai-de. Quem seria Adelaide? Que importância teria Adelaide naquela história? Como poderia continuar a viver sem saber aquele desfecho? A sede do plano de saúde ficava na rua Senador Dantas. O meu trabalho, no Passeio. Tinha saído de casa planejando brigar pelos meus direitos. Mas isso foi antes de encontrá-lo. Quando ainda fazia planos. Depois dele tudo mudou. Esqueci que era uma segunda-feira. Esqueci quem eu era. Uma sensação de desânimo se abateu sobre mim. Um estado de luto, de amargor, de viuvez por ter perdido aquele senhor que me deixou de herança apenas um nome. Fui para o trabalho. Passei o resto do dia e da noite inconformada. Não consegui dormir. Durante toda a madrugada aquela palavra martelou na minha cabeça. Levantei para tomar um copo d'água. Ela foi comigo. Ela estava comigo. Adelaide. Fui com a Adelaide da sala para o banheiro. Do banheiro para o quarto. Do quarto para a cozinha. Um mal-estar. Adelaide não me deixava em paz.

Na manhã do dia seguinte, com a cara ainda amarrotada pela noite maldormida, acordei mais cedo do que de costume e me arrumei mais rápido do que o habitual. Quando dei por mim, lá estava eu, na plataforma de embarque, atrás da linha amarela, no mesmo horário do dia anterior. O trem para. A porta abre, entro no vagão. Consegui um lugar na janela. Tirei um livro da bolsa para distrair as ideias. Sem que eu percebesse, de lá da frente do vagão, 70 anos se levantam e atravessam o corredor inteiro. Um senhor — de cabeça grisalha, quase branca, simpático, barriga avantajada — senta-se ao meu lado. Era ele. Respirei aliviada. Milagres acontecem. Pernas. Cabeça. Lenço. Tosse. E um nome.

— Adelaide...

Ele disse. Não posso negar que levei um susto, senti vontade de rir e de soltar fogos de artifício.

— Adelaide era uma moça que tinha vindo do interior para trabalhar com dona Odete na fabriqueta de biscoitos que estávamos montando no fundo do quintal.

Nunca um nome foi tão festejado. Adelaide era poesia pura aos meus ouvidos. Ele prosseguiu de onde nunca deveria ter parado.

— A demanda já era grande pra continuar na cozinha de casa. Adelaide era muito graciosa, educada, pequena, olhinhos também pequenos, escuros e cheios de vida. Foi trabalhar em São Paulo para mandar dinheiro para os irmãos menores, que tinham ficado no interior. E logo descobrimos que nós dois, eu e Juvenal, simpatizávamos com a moça. Mas a moça, como acontece sempre nesses casos, só simpatizava com um de nós, com o Juvenal. Nos entendemos sem problemas, sem rusgas, desavenças, desconfiança, nada. Adelaide e Juvenal começaram a namorar. A fábrica prosperava. Alugamos um galpão desativado pra dar vazão a tantos biscoitos. Éramos famosos no bairro. Adelaide e Juvenal ficaram noivos, casamento marcado. Foi nessa época que começou uma onda de roubos na região. Uma casa vizinha à nossa tinha sido assaltada. Por precaução, passei a andar armado, como muitos então. Afinal, tínhamos três lojas. Uma fábrica. Um galpão e mais de vinte funcionários. Um dia, estávamos eu e Juvenal conversando sobre os empregados quando resolvi limpar a arma. Não sei como ela escapuliu da minha mão.

Estava tão entretida que nem percebi o perigo se aproximar.

"PRÓXIMA PARADA: ESTAÇÃO CARIOCA. DESEMBARQUE PELO LADO DIREITO."

A locução anunciou. Não... Vai se levantar? Levantou-se. Deu dois passos e, como se tivesse esquecido alguma coisa, virou-se e disse:

— A arma disparou.

E foi embora! Como da outra vez! Sem dar nem um bom-dia. Um até logo. Uma arma! Por que a arma estava carregada. Por quê? Ele viria amanhã novamente? E se não viesse? Como eu viveria dali para a frente? Por que o metrô anda tão rápido? Por que a Carioca é tão perto? Por que ele não falou mais depressa para dar tempo de contar mais história? Mais um dia. Queria que aquele dia passasse tão rápido como as estações do metrô. Botafogo, Flamengo, Largo do Machado, Catete, Glória... Não passou tão rápido assim. Mas no dia seguinte...

No dia seguinte lá estava eu de novo, na mesma estação, à sua espera. Será que meu plano de saúde cobria surtos de ansiedade? Descobri-me dependente da voz de um estranho. Aquele som, o som da sua voz, agia tal qual uma droga química invadindo meu sangue e meu cotidiano, acelerando meu coração faminto. No dia anterior, tinha ido embora para casa com taquicardia. As palavras que saíam da boca do senhor grisalho e banhavam meus tímpanos sedentos tornaram-se seiva preciosa que esquentou minha imaginação e meus devaneios. Durante a noite, tive uma crise de abstinência pensando no disparo. O que teria acontecido? Tinha perdido o controle? Não ele. Eu! Admito. Naqueles últimos dias tinha agido como uma gulosa, compulsiva, viciada. Queria sempre mais, e o que ele me dava nunca era suficiente. Ele acabava uma frase e eu já pensando na próxima. Na próxima dose de vida. Porque sentia prazer em ouvi-lo. Um prazer comparável à leitura de um bom livro, à experiência de assistir a um filme notável, à audição de uma sinfonia, de ser testemunha de uma obra de arte. Como podemos parar essas sensações pela metade? O prazer ao qual me refiro não é metafórico, é real e palpável, podendo ser medido com voltagem de intensidade e volume. Se instalassem sensores na minha cabeça enquanto ouço uma história, poderiam verificar que minhas ondas cerebrais estão em estado de graça. Em êxtase, explodindo de energia. Meu rosto, meus olhos, meu corpo, numa falsa calmaria.

Era assim que eu me encontrava naquela manhã. Era esse o meu estado. Em pé, na estação de metrô, aguardando alguém cujo nome eu não sabia, alguém que eu não sabia se viria, alguém que me contasse as cenas dos próximos capítulos. O trem parou. Pessoas aglomeraram-se diante das portas automáticas. Eu estava entre elas. As portas abriram. Fui empurrada para dentro do vagão, que estava mais cheio do que de costume naquele horário. As pessoas também andaram mais depressa do que de costume para garantirem um assento. Fui levada pelo fluxo e consegui o meu. Na janela. Pela primeira vez o lugar ao meu lado não estava vago. Um rapaz bem magrinho, barba rala, óculos de grau, me fazia companhia. Tirou a mochila das costas, pousou-a no colo, abriu-a, pegou um caderno, caneta e começou a escrever qualquer coisa, acho que em espanhol. Mesmo que ele viesse não seria meu vizinho de banco, o que dificultaria em muito nossa comunicação. Voltei meu olhar para a janela. Fiquei observando as paredes de concreto que corriam rápido com a partida do trem. Através do reflexo no vidro ajeitei meu cabelo desalinhado pela pressa de sair de casa. Estava tentando domar um fio mais rebelde quando notei uma movimentação. O rapaz magrinho de óculos fechou o caderno, pegou a caneta que havia caído no chão, pôs tudo de volta na mochila e balbuciou educadamente uma palavra. *Senhor*. O rapaz levantou-se e cedeu o lugar para um homem mais velho. Ele. Ele! Que alívio.

Cumpriu o mesmo ritual de sempre. Cruzou as pernas para um lado. Cruzou para o outro. Coçou a cabeça... Em pensamento eu implorava: "Vai! Conta logo!" Tirou um lenço do bolso, enxugou a testa, tossiu, tossiu. Tossiu e recomeçou. Do mesmo ponto, sem adiantar ou atrasar uma vírgula de sua vida.

— A arma disparou. Quando dei por mim, Juvenal estava no chão, todo ensanguentado. Uma imagem que jamais me esqueço. Foi um desespero, corri com meu irmãozinho nos braços para o hospital mais próximo. Ele ficou cinco dias internado em estado grave. Mas meu estado emocional era muito pior do que o dele. Junto ao seu leito, tive a primeira de muitas crises de asma. Mas não saí do lado de Juvenal enquanto pude. Só saí do hospital algemado. Fui acusado de homicídio. Juvenal ficou inconsciente durante dois dias. No terceiro, abriu os olhos. Viu Adelaide e dona Odete chorando. Perguntou por mim. Disseram que o desgraçado, e o desgraçado era eu, já estava na cadeia pagando pelo crime que havia cometido. Juvenal fechou os olhos novamente e só acordou no dia seguinte, estava praticamente desenganado. No quarto dia recobrou a consciência. Olhou para Adelaide, para dona Odete, e pediu caneta e papel. Ditou uma carta e depois assinou.

Fez uma pausa e me deu a notícia com a voz embargada.

— No quinto dia ele morreu.

Seu sofrimento por uma perda antiga era do tamanho de uma dor recente, como se o sangue de Juvenal ainda espirrasse quente e espesso pelo buraco fatal do disparo. Do acidente. Senti uma dor no peito como se alguém da minha família tivesse falecido. Alguém muito próximo e querido. Era assim que eu o considerava. O Juvenal. Tão moço. O senhor pegou o mesmo lenço, com o qual abafou a tosse, para secar os olhos úmidos. Eu lhe disse sinceramente: "Sinto... Sinto muito." Ele continuou porque ainda não tinha acabado. Continuou porque precisava. De vez em quando parava, quando a dor aumentava e a saudade batia. Também sorria, de vez em quando, lembrando do "irmão".

— Na carta, Juvenal dizia que, se havia uma pessoa na vida em quem ele confiava, essa pessoa era eu. Que o que acontecera fora um acidente, uma fatalidade, e que acidentes e fatalidades são vontade de Deus. Que eu não tinha culpa nenhuma, que seguisse com a minha vida, tomasse conta da fábrica, tomasse conta de dona Odete, consolasse Adelaide, continuasse a fazer biscoitos e, sobretudo, que eu fosse feliz como nós havíamos sido. Assinou a carta e morreu. Até na hora da morte ele foi meu amigo. Você tem um amigo? Eu tive.

"PRÓXIMA PARADA: ESTAÇÃO CARIOCA. DESEMBARQUE PELO LADO DIREITO."

Ele levantou-se. Deu dois passos. Estancou. E disse, dessa vez sem se virar, de modo que eu o ouvisse mas não visse seu rosto contorcido pela emoção.

— Fiz exatamente como Juvenal queria.

E foi embora. Tive vontade de gritar. *Ei! Não me deixe aqui sozinha. Você me fez chorar e agora vai embora sem nem me oferecer seu lenço...*

Mas eu não disse nada, e ele se foi. Fiquei desnorteada. Tinha tantas perguntas na ponta da língua. Não sabia que direção seguir. Zona norte? Zona sul? Uma tristeza, um pesar. Passei mais uma noite em claro, contando "vagõezinhos de metrô". Pensando no Juvenal, tão moço. Durante a madrugada, lembrei de um poema do qual eu gosto muito. Versos acalmam.

No dia seguinte lá estava eu, com o livro na mão, a página marcada. Ansiosa, passei pelas portas automáticas já sabendo o primeiro verso de cor. Sentei. Dali a pouco ele viria. A qualquer momento pediria *com licença*, e alguém lhe daria passagem. Esperei. O dali a pouco se transformou, em pouco tempo, em agonia. Olhei para os lados, para o relógio, para os desconhecidos, para os cartazes publicitários, para a frente e para atrás do vagão. Já não sabia mais para onde olhar à procura de seu rosto. Olhei para a porta automática, a porta da esperança, esperando que ele entrasse a qualquer momento. Descobri que qualquer momento é nenhum momento quando não se sabe nada. Esperei. Esperei. Nada. O que teria acontecido? Um acidente? Saúde? Tinha enjoado da minha cara? Ou simplesmente estava atrasado? Continuei esperando. O trem avançando. Eu repetia o poema como um mantra. Fui até o final da Linha 1. Conexão. Linha 2. Voltei todas as estações. Percorri o mesmo trajeto umas duas vezes. Não. Ele não apareceu naquele dia. No dia seguinte, também não. Nem depois. Eu me mantive fiel ao mesmo horário, ao mesmo vagão. Todos os dias seguintes.

Para quem quisesse me encontrar pela manhã: plataforma de embarque esperando. Dentro do trem, aguardando. Na rua. Procurando. Esperando a sorte me abraçar. Foram seis dias de espera. Quase enlouqueci. Estava definhando. No sétimo, uma terça-feira, já tomada pelo cansaço e pelo desânimo, reconheci que o havia perdido de vez. Desisti de esperá-lo. Decidi retomar a rotina diária, conformada com o abandono.

Estava sentada na janela tão entretida lendo um livro que só percebi que havia alguém ao meu lado quando o peso de dois olhos debruçados sobre o meu ombro esquerdo tornou-se incômodo. Não levantei a cabeça, não mexi um músculo, mas o coração disparou ao reconhecer a barriga avantajada que avançava pelo meu campo de visão. Ele começou pelas preliminares. Cruzou as pernas para um lado, depois para o outro, coçou a cabeça, pegou o lenço, tossiu. E sem nenhuma explicação, sem dar nem uma desculpa esfarrapada, retomou a narrativa do ponto exato em que havia interrompido seis dias antes. Eu, como uma criança malcriada, fechei o livro com tanto ímpeto que fiz até barulho. Plaft! Pensei em repreendê-lo, mas desisti. Pensei em ignorá-lo. Não consegui. Apenas cedi. Virei-me inteira para ele, pedinte.

— A fábrica prosperou. Prosperou como nunca. Parecia até... Sei lá. Praticamente dobramos a produção nos seis meses depois do... do ocorrido. Mas cada centavo que entrava no caixa, cada biscoito vendido, era uma punhalada no meu coração. Simplesmente a vida não tinha mais graça. Até hoje eu... Como sinto falta do meu amigo. Sentíamos. Eu, dona Odete e Adelaide. Eu tentava consolá-las como podia. Nos aproximamos muito, a dor aproxima as pessoas, aproxima tanto que... Nem sei como dizer. Eu e Adelaide... Eu e Adelaide nos apaixonamos. Nos apaixonamos. Uma paixão avassaladora. Incontrolável. Mas eu sentia uma culpa maior que o mundo. Resistimos o quanto pudemos. Todos eram contra o namoro. Negamos. Tentamos nos afastar. Mas aí já era tarde. Não tinha mais volta. Foi então que eu decidi abrir mão de tudo. Da fábrica, das lojas, de tudo. Queria apagar. Começar do zero. Fugir dos olhares de reprovação. Só não me lembrei que memória não se apaga. Lembranças não se apagam. Fugi com Adelaide pra escapar da minha culpa. Do meu remorso. Daquele pesadelo. Fugi pra cá. Pro Rio de Janeiro, a cidade maravilhosa, pra começar tudo do zero...

Ele se apoiou nas reticências que deixou, de propósito, no final da frase. Ali descansou um pouco, respirou e disse:

— Hoje sou funcionário público aposentado. Tenho dois filhos. Uma menina, já casada, que me deu dois netinhos, e um rapaz mais novo, "raspa do tacho", como se costuma dizer, está terminando a faculdade. Depois que nos mudamos pra cá, nunca mais toquei nesse assunto com ninguém. Ninguém. Nem uma palavra. Nem com Adelaide. E nem ela comigo. Fizemos um pacto de silêncio sem combinarmos nada. Mas sempre quando acordamos pela manhã, aquele primeiro olhar do dia, eu sei em quem pensamos. Nele. Não há um só dia de minha vida em que eu não me lembre do meu amigo.

Sua voz embargada misturou-se aos meus olhos marejados, um querendo se esconder do outro. Até que ele desfez o embaraço.

— Tá vendo aquele casal ali comendo biscoitos?

Ele apontou um casal de jovens, sentado à esquerda, num banco lateral. O pacote na mão dela. Toda bonitinha. Pegava o biscoito de chocolate, dava uma mordida, passava para ele, que tirava um pedacinho, com a boca também.

— São os biscoitos da minha fábrica. Minha e do Juvenal.

Fiquei olhando para a ignorância do casal apaixonado, que comia sorrindo os biscoitos de chocolate amargo. A locução do metrô não me pegou desprevenida.

"PRÓXIMA PARADA: ESTAÇÃO CARIOCA.
DESEMBARQUE PELO LADO DIREITO."

    Ele pegou minha mão num gesto de carinho, eu retribuí com um beijo em seu rosto. Levantou-se e partiu. Dessa vez para sempre. A ansiedade e a agonia também foram embora. Junto com ele. De certa forma eu sabia que aquele dia era o derradeiro. O epílogo. Tinha o ouvido treinado, sabia que já tinha escutado o suficiente. O ciclo se fechava. Com os anos percebi que cada história tem um raio, um diâmetro de abrangência. No meio, um núcleo, que irradia nomes, fatos e datas. A vida da gente acontece nesse entorno. As dúvidas, as escolhas, os encontros, os equívocos, geralmente estão lá. Nesse centro, nesse palco, algumas pessoas dão voltas, floreiam, ciscam, se enrolam em teias. Outras vão direto ao ponto, feito flecha adestrada. Simples. São foguetes que descobrem ao que vieram bem cedo. Alcançam o cerne, atingem o ápice, como se tivessem um mapa impresso na pele. Mas, sendo curto ou longo, rápido ou demorado, fácil ou conturbado o caminho, em algum momento nos deparamos com o que realmente importa. Quem somos. Quem nos tornamos. O que queremos. Alguns se reconhecem. Outros permanecem alheios. A consciência é uma chance dada a poucos.

    Fiquei olhando o senhor se afastar. Sentiria saudades dele. Lembrei do livro que ainda tinha nas mãos, a página marcada.

    A solidão se encarrega
      me carrega e escorrega pelas paredes do quarto.
    Perfuradas de fotos, de frases,

fases de vida e de lua,
de pares e mares de chuva,
naufragados de gente.
Paredes cheias
mas tão frias e nuas,
que a solidão navega seu fardo
como um barco à vela sem guia.
Tangendo seu eterno bordado árduo,
na tentativa inútil de costurar alguém
nas minhas paredes.
Perfuradas de fotos, de frases,
fases de vida e de lua.
Eu escorrego a cada noite entre essa gente
que eu não carrego comigo.
A bordo do meu barco a vela
que flutua,
na solidão nua,
dos mares de chuva,
naufragados de gente.

"A melhor maneira de saber quem eu sou é ouvindo quem ouvi, entendendo o que descobri e percebendo a minha arte. Essa sou eu. Uma pessoa que aprendeu tudo o que sabe com os outros. Escutando os outros. Foi assim que eu me conheci."

Na praia

Adoro caminhar, fazer passeios ao ar livre. Tudo o que posso fazer a pé, prefiro. Há dias que, a pretexto de nada, saio caminhando. Adoro. Quando o deslocar torna-se apenas o cumprimento de tarefas — ir a tal lugar, chegar tal hora, fazer isso e aquilo —, o caminho torna-se enfadonho. Pelo menos para o meu gosto. Gosto de me deixar levar. O olhar torna-se mais generoso, a percepção para com as pequenas coisas, mais sutil. Foi num desses dias que Rogério me achou.

Não estava indo nem voltando. Não fazia sol nem chovia. Dia agradável para meus padrões. Já tinha caminhado bastante pela areia. Já tinha molhado os pés na água do mar. Já tinha visto os turistas tirando fotografias, os vendedores ambulantes promovendo suas mercadorias, gente jogando gamão. A rodinha de amigos tomando uma cerveja gelada, uma dupla jogando frescobol, um grupo, futevôlei. Duas moças passando bronzeador, uma senhora comendo queijo coalho, a neta, biscoito Globo. Tinha andado quase toda a praia de Copacabana até que resolvi sentar um pouco na areia e desfrutar o finalzinho da tarde. Estava na altura do Posto 6. Do outro lado, Ipanema. Estiquei minha canga próximo à beira da água. Foi quando Rogério me achou. Não estranhei a aproximação, afinal estava sozinha, à vista e disponível, logo alguém sentiria meu cheiro e viria. Não fosse Rogério, seria a Maria, o João, a Cleonice... Veio o Rogério.

Sentou-se bem junto a mim. Nada de extraordinário num domingo de sol, visto que um pedacinho de areia nesses dias é coisa rara. Mas aquela era uma tarde de um dia de semana, e o que não faltava na praia de Copacabana era espaço livre. Portanto, concluí que a aproximação de Rogério era proposital e certamente antecederia um contato. Assim eu esperava. Assim eu esperei. Assim não aconteceu.

Rogério estava tão perto que se eu esticasse os braços esbarraria nele, mas seus pensamentos estavam tão distantes que eu os avistava lá na outra ponta, no Leme. Ele não falava. Não se mexia. Ficou uns quinze minutos parado. Emburrado. Eu deixei. Não sou eu que devo tomar a iniciativa. Dar o pontapé inicial na conversa. Fiquei na minha. Às vezes o que a pessoa quer é isso mesmo. Apenas estar e ter a certeza de que só sua presença é ouvida. Deixei Rogério à vontade. Se não quisesse falar, nada falaríamos. Passaríamos um fim de tarde gostoso, compartilhando a falta das palavras, de assunto e de frases inteiras — como velhos conhecidos que não se incomodam mais com isso. Ficamos um bom tempo desse jeito. Até que Rogério rompeu sua inércia e começou a chorar. Profusão de lágrimas. Eu fiquei incomodada com o barulho das lágrimas espocando. Não sabia o que fazer. Como o choro não passava, pelo contrário, passou a vir acompanhado também de soluços, resolvi contra meus princípios tomar uma atitude, pois já estávamos chamando atenção das pessoas que passavam.

— Você está bem?

Perguntei. Não obtive resposta.

— Posso ajudar?

Insisti.

— Qual o seu nome?

Só ouvia o barulho das ondas. Indo e voltando. Estava claro que Rogério não estava a fim de papo. Respeitei sua mudez e voltei para o meu canto. Mas, depois de alguns minutos, ainda com cara de poucos amigos, a surpresa:

— Rogério.

Respondeu-me atrasada uma voz manhosa, que devia ter no máximo cinco anos. Fiquei animada:

— Que nome bonito.

Um soluço. Não me intimidei.

— Você vem sempre à praia, Rogério?

Ele balançou a cabeça afirmativamente.

— E seus pais, Rogério, onde estão?

Os ombros subiram e quase tocaram as orelhas.

— Você se perdeu dos seus pais? Podemos procurar seus pais.

— Não!

Hum. Bola fora. Rogério voltou a chorar forte. Era ali que residia a torneira de suas lágrimas. Tinha tocado num ponto delicado, sem que ele tivesse me convidado ou dado permissão para eu entrar. Não é à toa que uma das regras básicas da minha arte é deixar o outro à vontade e livre. Qualquer movimento mais arisco de minha parte pode colocar em risco a sintonia dos encontros. Minha relação de ouvinte é como cristal fino, por muito pouco pode partir-se em mil estilhaços sem volta.

Sentia-me responsável por Rogério devido a sua pouca idade. Fiquei sem saber como dar continuidade à nossa história. Decidi arriscar, com a voz pisando em ovos.

— Mas uma criança não pode ficar sozinha na praia...
— Já sou grande!

Hum... Outra bola fora. Tentei consertar.

— Ah, claro. Grande e bonito. Você é um menino muito bonito, Rogério.

Ele diminuiu o intervalo entre os soluços. Estava quebrando com Rogério todas as regras da arte de escutar. Não fazer perguntas, não emitir opiniões... Mas afinal de contas regras são feitas para serem quebradas, pensei, justificando minha inabilidade. Comecei a jogar batalha naval com o silêncio do menino. Quem sabe eu teria mais sorte.

— Você mora aqui perto?

Água.

— Quer beber alguma coisa?

Água.

— Um refrigerante? Tá com fome?

Água. Água...

Rogério, emburrado, não respondia. Preferi não insistir, porque a batalha estava realmente difícil e minha estratégia mostrara-se um desastre. Decidi assumir minha parcela de culpa pelo fracasso de nossa relação. Não estava nos meus melhores dias. Ponto. Coloquei os óculos escuros, abracei as pernas dobradas, encostei o queixo nos joelhos e me perdi naquele marzão enorme. Fui.

Mas voltei. Voltei assim que senti duas mãozinhas pequenas escalando minhas pernas. Sim. Era alguém que precisava ser ouvido. Nem tudo estava perdido. Agradecida pela segunda chance, pela confiança que ele depositava em mim, fiz de tudo para não desapontá-lo. Apertei as duas mãozinhas e dei-lhes toda a minha atenção.

Pouco tempo depois, já sabia que Rogério tinha mais três irmãos. Todos meninos. Dois mais velhos. Um mais novo. Que o pai brincava muito com os filhos e brigava com a mãe. Bebia. Arrumava confusão. Estavam morando na casa da avó materna, que não gostava de bagunça, nem do pai de Rogério. Rogério não gostava de Pedro, de oito anos, de André, sete anos, em- principalmente de João, de dois anos, seu irmão mais moço, que tinha lhe tomado o posto de caçula da família. Mas Rogério gostava de Mariana, sua amiga de colégio. Rogério disse que Mariana também gostava dele. Estavam namorando. Foi uma tarde longa. Rogério me contou muitas histórias. Contou, por exemplo, que adorava jogar bola, que era um bom jogador e que foi comemorando um gol que quebrou um vaso de porcelana da avó. Que a avó tinha feito um escândalo. Pôs o menino de castigo por causa do vaso de porcelana quebrado. Aí a mãe se meteu na briga. Os irmãos se meteram na briga. Todo mundo brigou. Foi quando a mãe pegou os quatro filhos e resolveu sair por aí, para esfriar a cabeça e dar uma volta na praia. De Copacabana.

O sol, que tinha aparecido timidamente no finzinho do dia, já estava se despedindo. Apontei o céu para o menino.

— Já viu arco-íris, Rogério?

Ele nada falou. Ao longe escutei uma voz se aproximando.

— Rogério! Rogério! Onde você se meteu esse tempo todo? Você não me ouviu te chamando?

Era a mãe do menino, que ele me jurara não gostar dele. Vinha correndo em nossa direção, aflita. Trazia no colo João, o caçula. Pedro e André vinham atrás. Era jovem, bonita, a mãe de Rogério. Ela chegou brava, deu uma bronca feia no filho, dizendo que ele não podia mais fazer aquilo, que ela tinha ficado nervosa, tinha avisado os salva-vidas, quase chamara a polícia. Depois da bronca, um pouco mais calma, deu um abraço apertado no menino. Muito apertado. E um beijo. Superestalado. Estava aliviada. Cumprimentou-me, agradeceu-me por ter tomado conta do filho e disse, sem entrar em maiores detalhes:

— Criança é fogo! Cega a gente.

Sorriu simpática. Despediu-se. Olhei para Rogério, o rostinho ainda emburrado. Ele olhou para o céu. O arco-íris estava lá. Foi embora de mãos dadas com a mãe. Ela, praticamente, arrastando-o. De vez em quando ele olhava para trás. Eu acenava. Fiquei observando a família se afastar.

Estava uma tarde bonita. Peguei minhas coisas. Canga, chinelo, óculos escuros, bolsa a tiracolo. E resolvi caminhar mais um pouco pela areia da praia. Sozinha, com as histórias de Rogério e todas as outras que eu carrego comigo. Que eu não carrego comigo.

Sou assim. A solidão alheia é minha aliada. Vivo situações de extrema beleza e outras de profunda tristeza que se equilibram em um fio tênue e requerem grande habilidade para administrá-las. Quem não me conhece diria que eu tenho vocação para santa ou para a psicanálise. Nem Freud nem o papa. Não faço terapia, tampouco caridade, e seria cínica se dissesse que há algum sentimento altruísta no meu ofício. Nunca houve. Se de alguma forma eu ajudo meus depoentes, muito mais sou ajudada por suas histórias. Ajuda é eufemismo. Sou salva por essas almas que precisam de socorro, por esses relatos que precisam de descanso, por segredos à deriva que buscam um porto, pelas palavras que almejam alívio e pouso. Não tenho identidade, talvez já tenha perdido minhas digitais. Não me lembro do meu primeiro beijo, uma briga com amigo, dúvidas no emprego... Mas recordo de todos os detalhes das histórias que me caem no colo. Uma chave, uma música, uma cor de esmalte, um papelzinho dobrado, um parque, um pacote de biscoito. Por trás de cada detalhe, de cada objeto, esconde-se uma história, um ser humano.

Lembro-me dos beijos que ouvi, das dores de amor que dividi, das mortes em família que consolei. Sou a protagonista de uma saga contemporânea, uma protagonista de uma história que não existe, uma protagonista às avessas, uma protagonista sem nome... Uma protagonista-coadjuvante.

É claro que poderia dizer muitas coisas a meu respeito. Eu poderia dizer, por exemplo, que minha cor preferida é verde. Poderia dizer que gosto de sol. Que adoro suco de laranja sem açúcar. Que meu sonho é conhecer o Taiti, que tive sarampo aos cinco anos, que o meu primeiro namorado era da minha idade e mais baixo do que eu. Que escrevo com a mão esquerda. Que bati de carro duas vezes, numa delas quebrei o braço e um dedo. Que briguei feio com meu irmão num réveillon. Poderia dizer que meu nome tem sete letras, que meu número de sorte é o 29. Tantas coisas poderia dizer sobre mim. Mas este não é um livro sobre mim. Não é uma autobiografia precoce. E, afinal, o que importam as coisas sobre mim, se, mesmo assim, vocês não me conheceriam? A melhor maneira de saber quem eu sou é ouvindo quem ouvi, entendendo o que descobri e percebendo a minha arte. Essa sou eu. Uma pessoa que aprendeu tudo o que sabe com os outros. Escutando os outros. Foi assim que eu me conheci.

Numa época em que todos querem aparecer, se destacar, conhecer muita gente, muitas coisas, ser popular, ser diferente, ser célebre. Ser, estar no lugar certo, na hora certa, com a pessoa certa — expor a vida, o corpo, a casa, o carro, as roupas, os filhos, as vísceras. Fazer marketing pessoal, receber: mensagens, e-mails, torpedos, fazer conexões, links, estar *online*, *full time*... Fazer tudo e ser tudo ao mesmo tempo agora. Conjugar os verbos em primeira pessoa sempre. Eu sou. Eu faço. Eu aconteço. Eu. Eu sou um peixe fora d'água. Ando na contramão da maré. Ando sem pressa, sem letreiros, pisca-alerta, sem despertador, sem melancia no pescoço e sem néons na testa. Mas vale ressaltar que eu adoro melancias e acho os néons incríveis, nos outros. Meu lugar não é o centro, tampouco o palco, o púlpito, jamais me verão com microfone em punho, na linha de frente de flashes, refletores, dentro de computadores, em sites ou na web. Não sou exemplo de nada. Não sou melhor nem pior do que ninguém. Apenas tenho um dom. Este é o meu dom. Sem falsa modéstia, admito, sou boa no que faço. Sou exímia especialista nessa arte. A arte de escutar.

Agradecimentos

À equipe do espetáculo *A arte de escutar*: Henrique Tavares (diretor), José Dias (cenógrafo), Aurélio de Simoni (iluminador) e os atores Alex Nader, Amélia Bithencourt, Antonio Fragoso, Charles Paraventi, Flávia Fafiães, Isaac Bardavid, Juliana Guimarães, Nildo Parente, Patricia Pinho e Thais Portinho.

Meu carinho e gratidão.

Este livro foi composto em Le Monde Livre e impresso
pela Ediouro Gráfica sobre papel pólen bold 90g para Agir
em agosto de 2009.